Sapore Spagnolo
Viaggio nel Cuore della Cucina Iberica

Marta Fernandez

SOMMARIO

POCHAS A NAVARRA 22
    INGREDIENTI 22
    PROGETTO 22
    SCIOCCO 23

OCCHIALI 24
    INGREDIENTI 24
    PROGETTO 24
    SCIOCCO 25

MOUSSAKA DI FAGIOLI CON FUNGHI 26
    INGREDIENTI 26
    PROGETTO 27
    SCIOCCO 27

VIGIL POTAJE 28
    INGREDIENTI 28
    PROGETTO 28
    SCIOCCO 29

POCHA CON CUORE 30
    INGREDIENTI 30
    PROGETTO 30
    SCIOCCO 31

AJOARRIERO COD 32
    INGREDIENTI 32
    PROGETTO 32
    SCIOCCO 32

- CUORE DI SHERRY AL VAPORE ... 33
  - INGREDIENTI ... 33
  - PROGETTO ... 33
  - SCIOCCO ... 33
- TUTTO A PEBRE PESCE DI MARE CON GAMBERI ... 34
  - INGREDIENTI ... 34
  - PROGETTO ... 35
  - SCIOCCO ... 35
- CUCITO ARROSTO ... 36
  - INGREDIENTI ... 36
  - PROGETTO ... 36
  - SCIOCCO ... 36
- Marinata di cozze ... 38
  - INGREDIENTI ... 38
  - PROGETTO ... 38
  - SCIOCCO ... 39
- COD CON FRECCIA ... 40
  - INGREDIENTI ... 40
  - PROGETTO ... 40
  - SCIOCCO ... 41
- PIETRA DI ANSJOV NELLA BIRRA ... 42
  - INGREDIENTI ... 42
  - PROGETTO ... 42
  - SCIOCCO ... 42
- Polpo nel suo inchiostro ... 43
  - INGREDIENTI ... 43

PROGETTO 43
SCIOCCO 44
RANERO COD CLUB 45
INGREDIENTI 45
PROGETTO 45
SCIOCCO 46
SUOLA CON ARANCIA 47
INGREDIENTI 47
PROGETTO 47
SCIOCCO 48
NASELLO DELLA RIOJANA 49
INGREDIENTI 49
PROGETTO 49
SCIOCCO 50
Merluzzo Con Salsa Di Fragole 51
INGREDIENTI 51
PROGETTO 51
SCIOCCO 51
Trota in salamoia 52
INGREDIENTI 52
PROGETTO 52
SCIOCCO 53
CUCITURE STILE BILBAÍN 54
INGREDIENTI 54
PROGETTO 54
SCIOCCO 54

SCAMPI	55
INGREDIENTI	55
PROGETTO	55
SCIOCCO	55
Frittelle di merluzzo	56
INGREDIENTI	56
PROGETTO	56
SCIOCCO	57
DOURADO COD	58
INGREDIENTI	58
PROGETTO	58
SCIOCCO	59
GRANCHIO BASCO	60
INGREDIENTI	60
PROGETTO	60
SCIOCCO	61
ANJOV ALL'ACETO	62
INGREDIENTI	62
PROGETTO	62
SCIOCCO	62
MARCHIO CODICE	63
INGREDIENTI	63
PROGETTO	63
SCIOCCO	63
POLVERE IN MARINATA (BIENMESABE)	65
INGREDIENTI	65

PROGETTO 65
SCIOCCO 66
AGRUMI SECCHI E TONNO 67
    INGREDIENTI 67
    PROGETTO 67
    SCIOCCO 68
SALDATURA A PIOGGIA DI GAMBERI 69
    INGREDIENTI 69
    PROGETTO 69
    SCIOCCO 69
FLAN DI TONNO AL BASILICO 70
    INGREDIENTI 70
    PROGETTO 70
    SCIOCCO 70
SOLÈ A LA MENIER 71
    INGREDIENTI 71
    PROGETTO 71
    SCIOCCO 71
LONZA DI SALMONE CON CAVA 72
    INGREDIENTI 72
    PROGETTO 72
    SCIOCCO 72
PERSICO DI BILBAÍN CON PIQUILTOS 73
    INGREDIENTI 73
    PROGETTO 73
    SCIOCCO 74

Cozze in vinaigrette 75
- INGREDIENTI 75
- PROGETTO 75
- SCIOCCO 76

MARMITACO 77
- INGREDIENTI 77
- PROGETTO 77
- SCIOCCO 78

BAMBINI DI MARE AL SALE 79
- INGREDIENTI 79
- PROGETTO 79
- SCIOCCO 79

COZZE AL VAPORE 80
- INGREDIENTI 80
- PROGETTO 80
- SCIOCCO 80

NASELLO GALIZIANO 81
- INGREDIENTI 81
- PROGETTO 81
- SCIOCCO 82

HAKI KOSKERA 83
- INGREDIENTI 83
- PROGETTO 83
- SCIOCCO 84

COLTELLO CON AGLIO E LIMONE 85
- INGREDIENTI 85

    PROGETTO 85

    SCIOCCO 85

BUDINO DI STRADA 86

    INGREDIENTI 86

    PROGETTO 86

    SCIOCCO 87

ACCOMPAGNAMENTO DI PESCE CON CREMA DI AGLIO Tenero 88

    INGREDIENTI 88

    PROGETTO 88

    SCIOCCO 89

NASELLO AL SIDRO CON COMPATO DI MELE E MENTA 90

    INGREDIENTI 90

    PROGETTO 90

    SCIOCCO 91

SALMONE MARINATO 92

    INGREDIENTI 92

    PROGETTO 92

    SCIOCCO 92

Trota con formaggio blu 93

    INGREDIENTI 93

    PROGETTO 93

    SCIOCCO 94

TATAKI DI TONNO MARINATO ALLA SOIA 95

    INGREDIENTI 95

    PROGETTO 95

    SCIOCCO 96

Torta Di Nasello 97
    INGREDIENTI 97
    PROGETTO 97
    SCIOCCO 98
CARTE PANATE CON COD 99
    INGREDIENTI 99
    PROGETTO 99
    SCIOCCO 100
LUMINOSO 101
    INGREDIENTI 101
    PROGETTO 101
    SCIOCCO 101
SOLDATI DI PAVIA 102
    INGREDIENTI 102
    PROGETTO 102
    SCIOCCO 103
FRITTURE DI GAMBERI 104
    INGREDIENTI 104
    PROGETTO 104
    SCIOCCO 105
TROTA A NAVARRA 106
    INGREDIENTI 106
    PROGETTO 106
    SCIOCCO 106
CROSTATE DI SALMONE CON AVOCADO 107
    INGREDIENTI 107

- PROGETTO 107
- SCIOCCO 108
- Capesante alla Galiziana 109
  - INGREDIENTI 109
  - PROGETTO 109
  - SCIOCCO 110
- POLLO IN SALSA CON FUNGHI 111
  - INGREDIENTI 111
  - PROGETTO 111
  - SCIOCCO 112
- POLLO IN SALAMOIA CON SIDRO 113
  - INGREDIENTI 113
  - PROGETTO 113
  - SCIOCCO 114
- STUFATO DI POLLO CON NUSCALES 114
  - INGREDIENTI 114
  - PROGETTO 115
  - SCIOCCO 115
- Filetto di pollo alla MADRILEÑA 116
  - INGREDIENTI 116
  - PROGETTO 116
  - SCIOCCO 116
- POLLO FRICANDÓ CON FUNGHI SHIITAKE 117
  - INGREDIENTI 117
  - PROGETTO 117
  - SCIOCCO 118

IL POLLO AL WHISKY PAGA 119
    INGREDIENTI 119
    PROGETTO 119
    SCIOCCO 120

ANATRA ARROSTO 120
    INGREDIENTI 120
    PROGETTO 120
    SCIOCCO 121

PETTO DI POLLO VILLAROY 122
    INGREDIENTI 122
    PROGETTO 122
    SCIOCCO 123

Petto di pollo con salsa di senape al limone 124
    INGREDIENTI 124
    PROGETTO 124
    SCIOCCO 125

FRITTO DIPINTO CON PRUGNE E FUNGHI 126
    INGREDIENTI 126
    PROGETTO 126
    SCIOCCO 127

PETTO DI POLLO VILLAROY CON PIQUILLOS CARAMELLATI ALL'ACETO MATURATO 128
    INGREDIENTI 128
    PROGETTO 128
    SCIOCCO 129

PETTO DI POLLO SPALMATO CON PANCETTA, FUNGHI E FORMAGGIO 130
    INGREDIENTI 130
    PROGETTO 130
    SCIOCCO 131

POLLO AL VINO DOLCE CON PLOOMMOON 132
    INGREDIENTI 132
    PROGETTO 132
    SCIOCCO 133

PETTO DI POLLO ALL'ARANCIA CON ANACARDI 134
    INGREDIENTI 134
    PROGETTO 134
    SCIOCCO 135

SCELTO DEL RAP 136
    INGREDIENTI 136
    PROGETTO 136
    SCIOCCO 137

POLLI CACITORI 138
    INGREDIENTI 138
    PROGETTO 138
    SCIOCCO 139

Ali di pollo in stile COCA Cola 140
    INGREDIENTI 140
    PROGETTO 140
    SCIOCCO 141

POLLO CON AGLIO 142

- INGREDIENTI 142
- PROGETTO 142
- SCIOCCO 143
- POLLO POLLO 144
  - INGREDIENTI 144
  - PROGETTO 144
  - SCIOCCO 145
- RACCOLTA CON QUAGLIA E FRUTTI ROSSI 146
  - INGREDIENTI 146
  - PROGETTO 146
  - SCIOCCO 147
- POLLO AL LIMONE 148
  - INGREDIENTI 148
  - PROGETTO 148
  - SCIOCCO 149
- POLLO SAN JACOBO CON PROSCIUTTO SERRANO, TORTA MARY E RUCOLA 150
  - INGREDIENTI 150
  - PROGETTO 150
  - SCIOCCO 150
- POLLO AL CURRY AL FORNO 151
  - INGREDIENTI 151
  - PROGETTO 151
  - SCIOCCO 151
- POLLO AL VINO ROSSO 152
  - INGREDIENTI 152

    PROGETTO 152

    SCIOCCO 153

POLLO FRITTO CON BIRRA NERA 154

    INGREDIENTI 154

    PROGETTO 154

    SCIOCCO 155

SAPONE AL CIOCCOLATO 156

    INGREDIENTI 156

    PROGETTO 156

    SCIOCCO 157

QUARTI DI TACCHINO FRITTI CON SALSA AI FRUTTI ROSSI 158

    INGREDIENTI 158

    PROGETTO 158

    SCIOCCO 159

POLLO FRITTO CON SALSA DI PESCHE 160

    INGREDIENTI 160

    PROGETTO 160

    SCIOCCO 161

FILETTO DI POLLO CON SPINACI E MOZZARELLA 162

    INGREDIENTI 162

    PROGETTO 162

    SCIOCCO 163

POLLO FRITTO CON CAVA 164

    INGREDIENTI 164

    PROGETTO 164

    SCIOCCO 165

SPITTA DI POLLO CON SALSA DI ARACHIDI 166
    INGREDIENTI 166
    PROGETTO 166
    SCIOCCO 167

POLLO IN PEPITORIA 168
    INGREDIENTI 168
    PROGETTO 168
    SCIOCCO 169

POLLO ALL'ARANCIA 170
    INGREDIENTI 170
    PROGETTO 170
    SCIOCCO 171

Spezzatino di pollo con funghi porcini 172
    INGREDIENTI 172
    PROGETTO 172
    SCIOCCO 173

POLLO IN SALSA CON NOCI E SOIA 174
    INGREDIENTI 174
    PROGETTO 174
    SCIOCCO 175

POLLO AL CIOCCOLATO CON MANDORLE TOSTATE 176
    INGREDIENTI 176
    PROGETTO 176
    SCIOCCO 177

SPIEDINI DI AGNELLO CON VINAIGRETTE DI SENAPE E PEPERONI 178

- INGREDIENTI 178
- PROGETTO 178
- SCIOCCO 179

PINNA DI MANZO ABBATTUTA A PORTO 180
- INGREDIENTI 180
- PROGETTO 180
- SCIOCCO 181

POLPETTE DI CARNE MADRID 182
- INGREDIENTI 182
- PROGETTO 183
- SCIOCCO 183

MANZO CINESE CON CIOCCOLATO 184
- INGREDIENTI 184
- PROGETTO 185
- SCIOCCO 185

TORTA DI GOMME CANDITE CON SALSA AL VINO DOLCE 186
- INGREDIENTI 186
- PROGETTO 186
- SCIOCCO 187

CONIGLIO CON MARC 188
- INGREDIENTI 188
- PROGETTO 188
- SCIOCCO 189

POLPETTE DI CARNE IN SALSA PEPITORIA E NOCCIOLE 190
- INGREDIENTI 190
- PROGETTO 191

- SCIOCCO 191
- CALOPINAS ALLA BIRRA NERA 192
  - INGREDIENTI 192
  - PROGETTO 192
  - SCIOCCO 193
- ESCURSIONI A MADRID 194
  - INGREDIENTI 194
  - PROGETTO 194
  - SCIOCCO 195
- MAIALE ARROSTO CON MELE E MENTA 196
  - INGREDIENTI 196
  - PROGETTO 196
  - SCIOCCO 197
- POLPETTE DI POLLO CON SALSA AI LAMPONI 198
  - INGREDIENTI 198
  - PROGETTO 199
  - SCIOCCO 199
- STUFATO D'AGNELLO 200
  - INGREDIENTI 200
  - PROGETTO 200
  - SCIOCCO 201
- zibetto di coniglio 202
  - INGREDIENTI 202
  - PROGETTO 202
  - SCIOCCO 203
- CONIGLIO AL PEPE 204

INGREDIENTI 204

PROGETTO 204

SCIOCCO 205

POLPETTE DI POLLO RIPIENE DI FORMAGGIO CON SALSA AL CURRY 206

INGREDIENTI 206

PROGETTO 207

SCIOCCO 207

PELLE DI MAIALE AL VINO ROSSO 208

INGREDIENTI 208

PROGETTO 208

SCIOCCO 209

COCHIFRITO NAVARRA 210

INGREDIENTI 210

PROGETTO 210

SCIOCCO 211

STUFATO DI CARNE CON SALSA DI ARACHIDI 212

INGREDIENTI 212

PROGETTO 212

SCIOCCO 213

MAIALE FRITTO 214

INGREDIENTI 214

PROGETTO 214

SCIOCCO 215

KNICK FRITTO CON CAVOLO 216

INGREDIENTI 216

PROGETTO	216
SCIOCCO	217
CATTURA DI CONIGLI	**218**
INGREDIENTI	218
PROGETTO	218
SCIOCCO	219
SPECIALE VITELLO MADRID	**220**
INGREDIENTI	220
PROGETTO	220
SCIOCCO	220
CONIGLIO IN SPEZZATO CON FUNGHI	**221**
INGREDIENTI	221
PROGETTO	221
SCIOCCO	222
GRANCHIO IBERICO AL VINO BIANCO E MIELE	**223**
INGREDIENTI	223
PROGETTO	223
SCIOCCO	224
LATTE MERINGATO	**225**
INGREDIENTI	225
PROGETTO	225
SCIOCCO	225

POCHAS A NAVARRA

INGREDIENTI

400 grammi di fagioli

1 cucchiaio di paprika

5 spicchi d'aglio

1 peperone verde italiano

1 peperone rosso

1 porro pulito

1 carota

1 cipolla

1 pomodoro grande

olio d'oliva

Sale

PROGETTO

Pulite bene i fagioli. Copriteli d'acqua in una casseruola insieme ai peperoni, alla cipolla, ai porri, ai pomodori e alle carote. Cuocere per circa 35 minuti.

Togliere le verdure e tagliarle a pezzetti. Poi rimettetela nella pentola.

Tritate finemente l'aglio e fatelo soffriggere in poco olio. Togliere dal fuoco e aggiungere la paprika in polvere. Ai fagioli bianchi viene aggiunto Rehome 5. Aggiungi sale.

SCIOCCO

Trattandosi di legumi freschi, il tempo di cottura è molto più breve.

OCCHIALI

INGREDIENTI

500 g di lenticchie

1 cucchiaio di paprika

1 carota grande

1 cipolla media

1 peperone grande

2 spicchi d'aglio

1 patata grande

1 fetta di prosciutto

1 salsiccia

1 sanguinaccio

Bacon

1 foglia di alloro

Sale

PROGETTO

Friggere le verdure tritate finemente fino a renderle leggermente morbide. Aggiungete la paprika in polvere e aggiungete 1 litro e mezzo di acqua (potete sostituire con brodo vegetale o anche con brodo di carne). Aggiungere le lenticchie, la carne, la punta di prosciutto e l'alloro.

Togliamo e conserviamo il chorizo e il sanguinaccio quando sono teneri in modo che non si rompano. Continuare la cottura delle lenticchie fino a cottura ultimata.

Aggiungete le patate a dadini e fate cuocere per altri 5 minuti. Aggiungi un pizzico di sale.

SCIOCCO

Per dargli un tocco diverso aggiungete 1 stecca di cannella alle lenticchie durante la cottura.

MOUSSAKA DI FAGIOLI CON FUNGHI

INGREDIENTI

250 g di fagioli rossi cotti

500 g salsa di pomodoro fatta in casa

200 grammi di funghi

100 grammi di formaggio grattugiato

½ bicchiere di vino rosso

2 melanzane

2 spicchi d'aglio

1 cipolla grande

½ peperone verde

½ peperone giallo

¼ peperoncino rosso

1 foglia di alloro

latte

origano

olio d'oliva

sale e pepe

PROGETTO

Tagliate le melanzane a fette e mettetele nel latte salato in modo che perdano l'amaro.

Tritate separatamente la cipolla, l'aglio e la paprika e fateli soffriggere in una padella. Aggiungete i funghi e continuate a friggere. Aggiungiamo il vino e lasciamo ridurre a fuoco vivace. Aggiungere la salsa di pomodoro, l'origano e le foglie di alloro. cuocere per 15 minuti. Togliere dal fuoco e aggiungere i fagioli. Stagione.

Nel frattempo scolate bene le fette di melanzane, asciugatele e friggetele su entrambi i lati in poco olio.

Alternare fagioli e melanzane in una pirofila fino ad esaurimento degli ingredienti. Terminare con uno strato di melanzane. Cospargere con formaggio grattugiato e gratinare.

SCIOCCO

Questa ricetta è deliziosa con lenticchie o legumi avanzati da altre preparazioni.

VIGIL POTAJE

INGREDIENTI

1kg di ceci

1 kg di merluzzo

500 grammi di spinaci

50 grammi di mandorle

Stoccaggio da 3 litri

2 cucchiai di salsa di pomodoro

1 cucchiaio di paprika

3 fette di pane fritto

2 spicchi d'aglio

1 peperone verde

1 cipolla

1 foglia di alloro

olio d'oliva

Sale

PROGETTO

Lasciare i ceci in ammollo per 24 ore.

Soffriggere la cipolla, l'aglio e la paprika a cubetti in una casseruola a fuoco medio. Aggiungete la paprika, l'alloro, la salsa di pomodoro e versate sopra il brodo di pesce. Quando inizierà a bollire aggiungete i ceci. Quando sarà quasi tenero aggiungere il merluzzo e gli spinaci.

Nel frattempo tritare le mandorle con il pane fritto. frullare e aggiungere alla pentola. Cuocere altri 5 minuti e regolare di sale.

SCIOCCO

I ceci vanno messi nella pentola con acqua bollente, altrimenti si induriscono e perdono il guscio molto facilmente.

POCHA CON CUORE

INGREDIENTI

400 grammi di fagioli

500 g di vongole

½ bicchiere di vino bianco

4 spicchi d'aglio

1 peperone verde piccolo

1 pomodoro piccolo

1 cipolla

1 porro

1 pepe di cayenna

prezzemolo fresco tritato

olio d'oliva

PROGETTO

Mettete in una casseruola i fagioli, la paprika, ½ cipolla, il porro pulito, 1 spicchio d'aglio e il pomodoro. Coprire con acqua fredda e cuocere fino a quando le verdure saranno tenere, circa 35 minuti.

A parte, far rosolare a fuoco vivace l'altra metà della cipolla, il pepe di cayenna e il resto degli spicchi d'aglio tritati molto fini. Aggiungiamo le vongole e bagniamo nel vino.

Aggiungete ai fagioli le vongole con il loro sugo, aggiungete il prezzemolo e fate cuocere per altri 2 minuti. Aggiungi sale.

SCIOCCO

Immergere le vongole in acqua fredda salata per 2 ore per sciogliere la terra eventualmente presente.

AJOARRIERO COD

INGREDIENTI

400 g di merluzzo dissalato, macinato

2 cucchiai di peperoncino chorizo reidratato

2 cucchiai di salsa di pomodoro

1 peperone verde

1 peperone rosso

1 spicchio d'aglio

1 cipolla

1 peperoncino

olio d'oliva

Sale

PROGETTO

Tagliare le verdure a julienne e friggerle a fuoco medio fino a renderle molto morbide. Sale.

Aggiungere cucchiai di chorizo , salsa di pomodoro e peperoncino. Aggiungete il baccalà tagliato a pezzi e fate cuocere per 2 minuti.

SCIOCCO

È il ripieno perfetto per preparare una deliziosa empanada.

CUORE DI SHERRY AL VAPORE

INGREDIENTI

750 g di vongole

600 ml di vino sherry

1 foglia di alloro

1 spicchio d'aglio

1 limone

2 cucchiai di olio d'oliva

Sale

PROGETTO

Sciacquare le vongole.

In una padella ben calda aggiungete 2 cucchiai di olio e fate rosolare leggermente l'aglio tritato.

Aggiungete le vongole, il vino, l'alloro, il limone e il sale, tutto in una volta. Coprire e cuocere finché non si aprono.

Servire le vongole con la loro salsa.

SCIOCCO

La sciacquatura consiste nell'immergere le cozze in acqua fredda con abbondante sale per eliminare sabbia e impurità.

TUTTO A PEBRE PESCE DI MARE CON GAMBERI

INGREDIENTI

In fondo alla pesca

15 gamberetti e corpi

1 testa o 2 cosce di rana pescatrice o pesce bianco

Ketchup

1 cipollotto

1 porro

Sale

per la pentola

1 coda di rana pescatrice grande (o 2 piccole)

corpo di gamberetti

1 cucchiaio di paprika dolce

8 spicchi d'aglio

4 patate grandi

3 fette di pane

1 pepe di cayenna

mandorle sgusciate

olio d'oliva

sale e pepe

PROGETTO

In fondo alla pesca

Preparare un brodo di pesce friggendo i corpi dei gamberi e la salsa di pomodoro. Aggiungiamo le lische o le teste di rana pescatrice e le verdure tritate. Coprire con acqua e cuocere per 20 minuti, filtrare e aggiustare di sale.

per la pentola

Fate rosolare l'aglio intero in una padella. Rimuovi e prenota. Fate sudare le mandorle nello stesso olio. Rimuovi e prenota.

Friggere il pane nello stesso olio. Decollare.

Pestate in un mortaio l'aglio, una manciata di mandorle sgusciate intere, le fette di pane e il pepe di cayenna.

Far rosolare leggermente la paprika in polvere nell'olio all'aglio, facendo attenzione a non bruciarla, e aggiungerla al brodo.

Aggiungere la patata al forno e cuocere fino a renderla morbida. Aggiungere la rana pescatrice condita e cuocere per 3 minuti. Aggiungere la purea e i gamberi e cuocere per altri 2 minuti finché la salsa non si sarà addensata. Aggiustare di sale e servire caldo.

SCIOCCO

Usa abbastanza fumo da coprire le patate. Il pesce più comune in questa ricetta è l'anguilla, ma può essere preparata con qualsiasi pesce di carne come lo spinarolo o il grongo.

CUCITO ARROSTO

INGREDIENTI

1 riccio di mare pulito e decalcificato

25 g di pangrattato

2 spicchi d'aglio

1 peperoncino

Aceto

olio d'oliva

Sale

PROGETTO

Salare i ricci di mare e ungerli d'olio sia all'interno che all'esterno. Cospargete la superficie con pangrattato e infornate a 180°C per 25 minuti.

Nel frattempo, fate rosolare il filetto d'aglio e il peperoncino a fuoco medio. Togliamo una spruzzata di aceto dal fuoco e condiamo l'orata con questa salsa.

SCIOCCO

La cesellatura prevede l'esecuzione di tagli lungo la larghezza del pesce per aiutarlo a cuocere più velocemente.

Marinata di cozze

INGREDIENTI

1 kg di cozze

1 bicchiere piccolo di vino bianco

1 cucchiaio di farina

2 spicchi d'aglio

1 pomodoro piccolo

1 cipolla

½ peperoncino

colorante alimentare o zafferano (facoltativo)

olio d'oliva

Sale

PROGETTO

Mettere a bagno le cozze in acqua fredda con abbondante sale per qualche ora per eliminare ogni traccia di terra.

Lessare le cozze pulite nel vino e ¼ di litro d'acqua. Una volta aperto, rimuovere e conservare il liquido.

Tagliate la cipolla, l'aglio e il pomodoro a pezzetti e fateli soffriggere in poco olio. Aggiungere il peperoncino e cuocere finché non sarà ben cotto.

Aggiungere il cucchiaio di farina e cuocere per altri 2 minuti. Fare il bagno nell'acqua delle cozze. Cuocere per 10 minuti e regolare di sale. Aggiungete le cozze e fate cuocere per un altro minuto. Ora aggiungi il colore o lo zafferano.

SCIOCCO

Il dolcificante può essere sostituito con vino bianco. La salsa è molto buona.

COD CON FRECCIA

INGREDIENTI

4 o 5 filetti di baccalà

4 spicchi d'aglio

1 peperoncino

½ litro di olio d'oliva

PROGETTO

Soffriggere l'aglio e il peperoncino nell'olio d'oliva a fuoco basso. Toglieteli e lasciate che l'olio abbassi leggermente la temperatura.

Aggiungere i filetti di merluzzo con la pelle rivolta verso l'alto e cuocere a fuoco lento per 1 minuto. Girare e lasciare riposare altri 3 minuti. È importante che sia cotto nell'olio e non fritto.

Togliere il baccalà, far decantare gradualmente l'olio finché non rimarrà solo la sostanza bianca (gelatina) rilasciata dal baccalà.

Togliere dal fuoco e frullare utilizzando un colino con le bacchette o con movimenti circolari, incorporando poco alla volta l'olio decantato. Montare l'arrowroot per 10 minuti, mescolando continuamente.

Quando sarà pronto, rimettiamo il baccalà e mescoliamo per un altro minuto.

SCIOCCO

Per dargli un tocco diverso aggiungete un osso di prosciutto o qualche erba aromatica all'olio in cui cucinerete il baccalà.

PIETRA DI ANSJOV NELLA BIRRA

INGREDIENTI

Acciughe pulite e disossate

1 lattina di birra molto fredda

farina

olio d'oliva

Sale

PROGETTO

Mettete la birra in una ciotola e aggiungete la farina, mescolando continuamente con la frusta, fino ad ottenere una consistenza densa che cola appena durante l'ammollo delle acciughe.

Infine friggeteli in abbondante olio e sale.

SCIOCCO

È possibile utilizzare qualsiasi tipo di birra. Con il nero sembra spettacolare.

Polpo nel suo inchiostro

INGREDIENTI

Calamari da 1½ kg

1 bicchiere di vino bianco

3 cucchiai di salsa di pomodoro

4 buste di nero di seppia

2 cipolle

1 peperone rosso

1 peperone verde

1 foglia di alloro

olio d'oliva

sale e pepe

PROGETTO

Soffriggere la cipolla tritata finemente e la paprika a fuoco basso. Una volta saltati, aggiungiamo i calamari puliti e tagliati a pezzetti. Aumentare il calore e la stagione.

Irrorate con il vino bianco e lasciate sfumare. Aggiungiamo la salsa di pomodoro, le bustine di nero di seppia e l'alloro. Coprite e fate cuocere a fuoco basso fino a quando i calamari saranno morbidi.

SCIOCCO

Possono essere accompagnati con una buona pasta o anche con patatine fritte.

RANERO COD CLUB

INGREDIENTI

Merluzzo al Pil-Pil

10 pomodorini maturi

4 peperoni chorizo

2 peperoni verdi

2 peperoni rossi

2 cipolle

zucchero

Sale

PROGETTO

Arrostire i pomodori e i peperoni a 180°C finché saranno teneri.

Quando i peperoni saranno arrostiti, copriteli per 30 minuti, privateli della pelle e tagliateli a listarelle.

Sbucciare i pomodori e tagliarli a fettine sottili. Fateli soffriggere insieme alla cipolla tritata finemente e alla polpa del peperoncino chorizo (precedentemente idratato in acqua calda per 30 minuti).

Aggiungete i peperoni arrostiti tagliati a listarelle e fate cuocere per 5 minuti. Regolare sale e zucchero.

Riscaldare l'arrowroot insieme al merluzzo e alla paprika.

SCIOCCO

Potete servire l'arrowroot con i peperoni oppure usarli come base, mettere sopra il merluzzo e la salsa con l'arrowroot. Si può preparare anche con una buona ratatouille.

SUOLA CON ARANCIA

INGREDIENTI

4 soli

110 grammi di burro

110 ml di brodo

1 cucchiaio di prezzemolo fresco tritato

1 cucchiaino di paprica

2 arance grandi

1 limone piccolo

farina

sale e pepe

PROGETTO

Sciogliere il burro in una padella. Infarinare le sogliole e condire. Friggere nel burro su entrambi i lati. Aggiungere la paprika in polvere, il succo di arancia e limone e il fumetto.

Cuocere a fuoco medio per 2 minuti finché la salsa non si sarà leggermente addensata. Decorare con prezzemolo e servire subito.

SCIOCCO

Per ottenere più succo dagli agrumi, mettili nel microonde per 10 secondi alla massima potenza.

NASELLO DELLA RIOJANA

INGREDIENTI

4 filetti di nasello

100 ml di vino bianco

2 pomodori

1 peperone rosso

1 peperone verde

1 spicchio d'aglio

1 cipolla

zucchero

olio d'oliva

sale e pepe

PROGETTO

Tritare finemente la cipolla, la paprika e l'aglio. Friggere il tutto in padella a fuoco medio per 20 minuti. Alzate la fiamma, spennellate con il vino e lasciate sfumare finché non sarà asciutto.

Aggiungete i pomodorini grattugiati e fate cuocere finché non perderanno tutta la loro acqua. Regolate di sale, pepe e zucchero se risulta acido.

Friggere i filetti in padella fino a quando saranno dorati all'esterno e succosi all'interno. Servire con le verdure.

SCIOCCO

Salare il nasello 15 minuti prima della cottura per distribuire il sale in modo più uniforme.

Merluzzo Con Salsa Di Fragole

INGREDIENTI

4 filetti di merluzzo salato

400 g di zucchero di canna

200 grammi di fragole

2 spicchi d'aglio

1 arancia

farina

olio d'oliva

PROGETTO

Schiacciare le fragole con il succo d'arancia e lo zucchero. Far bollire e mescolare per 10 minuti.

Tritate l'aglio e fatelo soffriggere in una padella con un filo d'olio. Rimuovi e prenota. Nello stesso olio friggete il baccalà infarinato.

Servire il baccalà con la salsa in una ciotola a parte e adagiarvi sopra l'aglio.

SCIOCCO

La marmellata di arance amare può essere sostituita con le fragole. Successivamente vi basterà utilizzare 100 g di zucchero di canna.

Trota in salamoia

INGREDIENTI

4 trote

½ litro di vino bianco

¼ litro di aceto

1 cipolla piccola

1 carota grande

2 spicchi d'aglio

4 denti

2 foglie di alloro

1 rametto di timo

farina

¼ litro di olio d'oliva

Sale

PROGETTO

Salare e infarinare la trota. Friggerle nell'olio per 2 minuti per lato (devono essere crude all'interno). Rimuovi e prenota.

Far rosolare le strisce di verdure nello stesso grasso per 10 minuti.

Bagno con aceto e vino. Condire con un pizzico di sale, erbe aromatiche e spezie. Cuocere a fuoco lento per altri 10 minuti.

Aggiungere la trota, coprire e cuocere per altri 5 minuti. Togliere dal fuoco e servire freddo.

SCIOCCO

Questa ricetta è meglio consumarla durante la notte. Il resto gli dà più sapore. Usa gli avanzi per preparare una deliziosa insalata di trota in salamoia.

CUCITURE STILE BILBAÍN

INGREDIENTI

1 ippoglosso da 2 kg

½ litro di vino bianco

2 cucchiai di aceto

6 spicchi d'aglio

1 peperoncino

2 dl di olio d'oliva

Sale

PROGETTO

Scalpellare il riccio di mare, salarlo, aggiungere un filo d'olio e infornare a 200°C per 20 o 25 minuti. Bagnare gradualmente con il vino.

Nel frattempo fate rosolare l'aglio tritato insieme al peperoncino in 2 dl di olio. Bagnare con l'aceto e versare sopra i ricci.

SCIOCCO

La cesellatura consiste nel praticare delle incisioni nel pesce per facilitarne la cottura.

SCAMPI

INGREDIENTI

250 grammi di gamberetti

3 spicchi d'aglio, affettati

1 limone

1 peperoncino

10 cucchiai di olio d'oliva

Sale

PROGETTO

Mettete i gamberi sgusciati in una ciotola, salate abbondantemente e aggiungete il succo di limone. Eliminare.

Soffriggere il filetto d'aglio e il peperoncino in una padella. Prima che inizino a colorarsi, aggiungere i gamberi e cuocere per 1 minuto.

SCIOCCO

Per più sapore, marinare i gamberi con sale e limone per 15 minuti prima di friggerli.

Frittelle di merluzzo

INGREDIENTI

100 g di baccalà dissalato in briciole

100 grammi di erba cipollina

1 cucchiaio di prezzemolo fresco

1 bottiglia di birra fredda

colore

farina

olio d'oliva

sale e pepe

PROGETTO

In una ciotola unite il baccalà, l'erba cipollina e il prezzemolo tritati finemente, la birra, un po' di colore, sale e pepe.

Mescolare e aggiungere la farina, un cucchiaio alla volta, mescolando continuamente, fino ad ottenere un impasto dalla consistenza leggermente densa tipo porridge (non gocciolante). Lasciare raffreddare per 20 minuti.

Friggere in abbondante olio, versare l'impasto in un cucchiaio. Quando saranno dorate, toglietele e mettetele su carta assorbente.

SCIOCCO

Se la birra non è disponibile, può essere preparata con soda.

DOURADO COD

INGREDIENTI

400 g di merluzzo dissalato e sbriciolato

6 uova

4 patate medie

1 cipolla

Prezzemolo fresco

olio d'oliva

Sale

PROGETTO

Sbucciare le patate e tagliarle a cannucce. Lavateli bene finché l'acqua non sarà limpida e poi friggeteli in abbondante olio ben caldo. Con il sale.

Soffriggere la cipolla tagliata a julienne. Alzare la fiamma, aggiungere il baccalà tagliato a pezzi e cuocere finché non rimarrà più liquido.

Sbattere le uova in un contenitore a parte, aggiungere il merluzzo, le patate e la cipolla. Fate soffriggere leggermente in padella. Aggiustare di sale e completare con prezzemolo fresco tritato.

SCIOCCO

È necessario cucinarlo leggermente in modo che sia succoso. Le patate non vengono salate fino alla fine per non perdere la croccantezza.

GRANCHIO BASCO

INGREDIENTI

1 granchio

500 grammi di pomodori

75 g di prosciutto serrano

50 g di pangrattato fresco (o pangrattato)

25 grammi di burro

1 bicchiere e mezzo di cognac

1 cucchiaio di prezzemolo

1/8 cipolla

½ spicchio d'aglio

sale e pepe

PROGETTO

Lessare il granchio (1 minuto ogni 100 g) in 2 litri di acqua con 140 g di sale. Raffreddare e togliere la carne.

Fate rosolare la cipolla e l'aglio tritati insieme al prosciutto tagliato a julienne fine. Aggiungere i pomodori grattugiati e il prezzemolo tritato e cuocere fino a formare una pasta asciutta.

Aggiungere la polpa di granchio, coprire con il cognac e flambé. Aggiungete metà del pangrattato dal fuoco e farcite il granchio.

Cospargete sopra il resto delle briciole e distribuite sopra il burro tritato. Cuocere in forno fino a doratura in superficie.

SCIOCCO

Si può preparare anche con un buon chorizo iberico e addirittura farcire con formaggio.

ANJOV ALL'ACETO

INGREDIENTI

12 acciughe

300cl di aceto

1 spicchio d'aglio

Prezzemolo tritato

Olio extravergine d'oliva

1 cucchiaino di sale

PROGETTO

Disporre le acciughe pulite su un piatto piano insieme all'aceto e al sale diluito in acqua. Conservare in frigorifero per 5 ore.

Nel frattempo fate imbiondire nell'olio l'aglio e il prezzemolo tritati finemente.

Togliere le acciughe dall'aceto e ricoprirle con olio e aglio. Riponete in frigorifero per altre 2 ore.

SCIOCCO

Lavate più volte le acciughe finché l'acqua non sarà limpida.

MARCHIO CODICE

INGREDIENTI

¾ kg di merluzzo dissalato

1 dl di latte

2 spicchi d'aglio

3 dl di olio d'oliva

Sale

PROGETTO

Scaldare l'olio e l'aglio in una piccola casseruola a fuoco medio per 5 minuti. Aggiungete il merluzzo e fate cuocere a fuoco molto basso per altri 5 minuti.

Scaldate il latte e versatelo in un mixing glass. Aggiungere il merluzzo senza pelle e l'aglio. Sbattere fino a formare un impasto sottile.

Aggiungere l'olio continuando a sbattere fino ad ottenere un impasto morbido. Aggiustare di sale e cuocere in forno alla massima potenza.

SCIOCCO

Può essere mangiato su pane tostato e condito con un po' di aioli.

POLVERE IN MARINATA (BIENMESABE)

INGREDIENTI

500 g di spinarolo

1 bicchiere di aceto

1 cucchiaio uniforme di cumino macinato

1 cucchiaio di paprika dolce

1 cucchiaio pari di origano

4 foglie di alloro

5 spicchi d'aglio

farina

olio d'oliva

Sale

PROGETTO

Riponete il palombo, precedentemente tagliato a cubetti e pulito, in un contenitore profondo.

Aggiungiamo una buona manciata di sale e cucchiaini di paprika, cumino e origano.

Schiacciare l'aglio con la buccia e metterlo nel contenitore. Spezzettate le foglie di alloro e aggiungete anche quelle. Infine aggiungete il bicchiere di aceto e un altro bicchiere d'acqua. Lascia riposare tutta la notte.

Asciugare, infarinare e friggere i pezzi di squalo cane.

SCIOCCO

Se il cumino è appena macinato, aggiungi solo ¼ di cucchiaio raso. Può essere preparato con altri pesci come la castagna o la coda di rospo.

AGRUMI SECCHI E TONNO

INGREDIENTI

800 g di tonno (o palamita fresca)

70 ml di aceto

140 ml di vino

1 carota

1 porro

1 spicchio d'aglio

1 arancia

½ limone

1 foglia di alloro

70 ml di olio

sale e pepe in grani

PROGETTO

Tagliate la carota, il porro e l'aglio a bastoncini e fateli soffriggere in poco olio. Quando le verdure saranno morbide bagnatele con aceto e vino.

Aggiungere le foglie di alloro e il pepe. Aggiustare di sale e cuocere per altri 10 minuti. Aggiungere la scorza e il succo degli agrumi e il tonno tagliato in 4 pezzi. Cuocere per altri 2 minuti e lasciare riposare, coperto, lontano dal fuoco.

SCIOCCO

Segui gli stessi passaggi per preparare una deliziosa marinata di pollo. Devi solo rosolare il pollo prima di metterlo nella pentola della marinata e cuocere per altri 15 minuti.

SALDATURA A PIOGGIA DI GAMBERI

INGREDIENTI

500 grammi di gamberetti

100 grammi di farina

½ dl di birra fredda

colore

olio d'oliva

Sale

PROGETTO

Sgusciare i gamberi senza eliminare la parte finale.

Mescolare in una ciotola la farina, un po' di colorante alimentare e il sale. Aggiungere gradualmente la birra continuando a frullare.

Prendete i gamberi per la coda, passateli nella pastella precedente e friggeteli in abbondante olio. Quando saranno dorate, scolatele e mettetele su carta assorbente.

SCIOCCO

Puoi aggiungere 1 cucchiaino di curry o paprika alla farina.

FLAN DI TONNO AL BASILICO

INGREDIENTI

125g di tonno in scatola sott'olio

½ litro di latte

4 uova

1 fetta di pane

1 cucchiaio di parmigiano grattugiato

4 foglie di basilico fresco

farina

olio d'oliva

sale e pepe

PROGETTO

Frullare il tonno con latte, uovo, pane, parmigiano e basilico. Aggiungi sale e pepe.

Versare l'impasto in stampi individuali precedentemente imburrati e infarinati e cuocere a bagnomaria a 170°C per 30 minuti.

SCIOCCO

Potete realizzare questa ricetta anche con cozze o sarde in scatola.

SOLÈ A LA MENIER

INGREDIENTI

6 soli

250 grammi di burro

50 grammi di succo di limone

2 cucchiai di prezzemolo tritato finemente

farina

sale e pepe

PROGETTO

Condire e infarinare le sogliole, pulite dalle teste e dalle pellicole. Farli rosolare nel burro fuso su entrambi i lati a fuoco medio, facendo attenzione a non bruciare la farina.

Togliere il pesce e aggiungere nella padella il succo di limone e il prezzemolo. Cuocere per 3 minuti, mescolando continuamente. Servire il pesce con la salsa.

SCIOCCO

Aggiungete qualche cappero per dare un tocco delizioso alla ricetta.

LONZA DI SALMONE CON CAVA

INGREDIENTI

2 filetti di salmone

½ litro di spumante

100ml di panna

1 carota

1 porro

olio d'oliva

sale e pepe

PROGETTO

Condire e friggere il salmone su entrambi i lati. Prenotazioni.

Tagliare la carota e il porro a bastoncini lunghi e sottili. Friggere le verdure nello stesso olio con cui è stato cotto il salmone per 2 minuti. Versare sopra il cava e lasciarlo ridurre della metà.

Aggiungere la panna, cuocere per 5 minuti e aggiungere il salmone. Cuocere per altri 3 minuti e regolare di sale e pepe.

SCIOCCO

Puoi cuocere a vapore il salmone per 12 minuti e servirlo con questa salsa.

PERSICO DI BILBAÍN CON PIQUILTOS

INGREDIENTI

4 spigole

1 cucchiaio di aceto

4 spicchi d'aglio

Peperoni Piquillo

125 ml di olio d'oliva

sale e pepe

PROGETTO

Eliminare i lombi della spigola. Salare, pepare e friggere in padella a fuoco vivace fino a quando saranno dorate all'esterno e succose all'interno. Tira fuori e prenota.

Tritate l'aglio e fatelo soffriggere nello stesso olio del pesce. Bagnare con aceto.

Friggere la paprika nella stessa padella.

Servire i filetti di branzino con la salsa e accompagnare con la paprika.

SCIOCCO

La salsa Bilbao può essere preparata in anticipo; quindi semplicemente scaldare e servire.

Cozze in vinaigrette

INGREDIENTI

1 kg di cozze

1 bicchiere piccolo di vino bianco

2 cucchiai di aceto

1 peperone verde piccolo

1 pomodoro grande

1 cipolla piccola

1 foglia di alloro

6 cucchiai di olio d'oliva

Sale

PROGETTO

Pulite bene le cozze con una nuova spugnetta abrasiva.

Mettete le cozze in una casseruola insieme al vino e all'alloro. Coprite e fate cuocere a fuoco vivace finché non si apriranno. Prenota e scarta una delle conchiglie.

Preparare una vinaigrette con pomodoro, erba cipollina e paprika. Condire con aceto, olio e sale. Mescolare e versare sulle cozze.

SCIOCCO

Lasciare riposare per una notte per intensificare i sapori.

MARMITACO

INGREDIENTI

300 g tonno (o palamita)

1 litro di brodo di pesce

1 cucchiaio di peperoncino chorizo

3 patate grandi

1 peperone rosso grande

1 peperone verde grande

1 cipolla

olio d'oliva

sale e pepe

PROGETTO

Soffriggere la cipolla tagliata a dadini e il peperone. Aggiungiamo un cucchiaio di chorizo e le patate sbucciate e affettate. mescolare per 5 minuti.

Versare il brodo di pesce e quando inizia a bollire aggiungere sale e pepe. Cuocere a fuoco basso fino a quando le patate saranno cotte.

Spegnere il fuoco e poi aggiungere il tonno tagliato a cubetti e condito. Lasciare riposare 10 minuti prima di servire.

SCIOCCO

Il salmone può essere sostituito con il tonno. Il risultato è sorprendente.

BAMBINI DI MARE AL SALE

INGREDIENTI

1 branzino

600 grammi di sale grosso

PROGETTO

Rimuovere e pulire il pesce. Disporre un letto di sale su un piatto, adagiarvi sopra la spigola e coprire con il resto del sale.

Cuocere in forno a 220°C finché il sale non si sarà indurito e si sarà spaccato. Ciò equivale a circa 7 minuti per 100 g di pesce.

SCIOCCO

Il pesce cotto sotto sale non deve avere squame, poiché le squame proteggono la carne dalle alte temperature. Puoi condire il sale con le erbe o aggiungere un albume.

COZZE AL VAPORE

INGREDIENTI

1 kg di cozze

1 litro di vino bianco

1 foglia di alloro

PROGETTO

Pulite bene le cozze con una nuova spugnetta abrasiva.

Mettete le cozze, il vino e l'alloro in una casseruola calda. Coprite e fate cuocere a fuoco vivace finché non si apriranno. Scartare quelli che non sono stati aperti.

SCIOCCO

È un piatto molto popolare in Belgio ed è accompagnato da delle buone patatine fritte.

NASELLO GALIZIANO

INGREDIENTI

4 fette di nasello

600 grammi di patate

1 cucchiaino di paprica

3 spicchi d'aglio

1 cipolla media

1 foglia di alloro

6 cucchiai di olio extra vergine di oliva

sale e pepe

PROGETTO

scaldare l'acqua in una pentola; Aggiungete le patate a fette, la cipolla tagliata a listarelle, il sale e l'alloro. Cuocere a fuoco lento per 15 minuti fino a quando diventa morbido.

Aggiungere le fette di nasello condite e cuocere per altri 3 minuti. Scolare le patate e il nasello e metterli in una pentola di terracotta.

Fate soffriggere in una padella l'aglio affettato o tritato; Quando sarà dorata, toglietela dal fuoco. Aggiungere la paprika in polvere, mescolare e versare questa salsa sul pesce. Servire velocemente con un po' di acqua bollente.

SCIOCCO

È importante che la quantità di acqua sia sufficiente a coprire i tranci di pesce e le patate.

HAKI KOSKERA

INGREDIENTI

1 kg di nasello

100 grammi di piselli cotti

100 grammi di cipolla

100 grammi di cozze

100 grammi di gamberetti

1 dl di brodo di pesce

2 cucchiai di prezzemolo

2 spicchi d'aglio

8 germogli di asparagi

2 uova sode

farina

sale e pepe

PROGETTO

Tagliare il nasello a fette o filetti. Condimento e farina.

Soffriggere la cipolla e l'aglio tritati finemente in una casseruola finché saranno teneri. Alzare la fiamma, aggiungere il pesce e farlo rosolare leggermente da entrambi i lati.

Bagnare con il fumetto e cuocere per 4 minuti, mescolando continuamente per addensare la salsa. Aggiungete i gamberi sgusciati, gli asparagi, le vongole pulite, i piselli e le uova spezzate. Cuocere per un altro minuto e cospargere con il prezzemolo tritato.

SCIOCCO

Salare il nasello 20 minuti prima della cottura per distribuire il sale in modo più uniforme.

COLTELLO CON AGLIO E LIMONE

INGREDIENTI

2 dozzine di coltelli

2 spicchi d'aglio

2 rametti di prezzemolo

1 limone

Olio extravergine d'oliva

Sale

PROGETTO

La sera prima mettete i cannolicchi in un contenitore con acqua fredda e sale per liberarli dalla sabbia rimasta.

Scolare, mettere in una casseruola, coprire e scaldare a fuoco medio finché non si aprono.

Nel frattempo tritare i rametti di aglio e prezzemolo e mescolarli con il succo di limone e l'olio d'oliva. Servite i cannolicchi con questa salsa.

SCIOCCO

Sono deliziosi con la salsa olandese o bernese (pagg. 532-517).

BUDINO DI STRADA

INGREDIENTI

Testa di drago senza testa da 500 g

125 ml di salsa di pomodoro

¼ litro di panna

6 uova

1 carota

1 porro

1 cipolla

briciole di pane

olio d'oliva

sale e pepe

PROGETTO

Lessare gli scorfani insieme alle verdure pulite e tagliate per 8 minuti. Sale.

Tritare la carne dello scorfano (senza pelle e lische). Mettetela in una ciotola con le uova, la panna e la salsa di pomodoro. Mescolare e condire con sale e pepe.

Ungere uno stampo e cospargerlo di pangrattato. Riempire con l'impasto precedente e cuocere in un contenitore doppio in forno a

180°C per 50 minuti o fino a quando uno stecchino inserito risulta pulito. Servire freddo o caldo.

SCIOCCO

Potete sostituire lo scorfano con qualsiasi altro pesce.

ACCOMPAGNAMENTO DI PESCE CON CREMA DI AGLIO Tenero

INGREDIENTI

4 piccole code di rana pescatrice

50 grammi di olive nere

400 ml di panna

12 spicchi d'aglio

sale e pepe

PROGETTO

Lessare l'aglio in acqua fredda. Quando iniziano a bollire, toglieteli e scolate l'acqua. Ripeti lo stesso procedimento tre volte.

Quindi cuocere l'aglio nella panna a fuoco basso per 30 minuti.

Scaldare le olive snocciolate nel microonde finché non saranno asciutte. Passarle al mortaio fino ad ottenere la polvere di olive.

Condire la coda di rospo con sale e pepe e cuocerla a fuoco vivace finché non sarà succosa all'esterno e dorata all'interno.

Condire la salsa. Servire la rana pescatrice con la salsa da un lato e la polvere di olive sopra.

SCIOCCO

Il sapore di questa salsa è morbido e delizioso. Se è molto liquido lasciate cuocere ancora qualche minuto. Se invece risultasse molto densa aggiungete un po' di panna liquida calda e mescolate.

NASELLO AL SIDRO CON COMPATO DI MELE E MENTA

INGREDIENTI

4 ganci supremi

1 bottiglia di sidro

4 cucchiai di zucchero

8 foglie di menta

4 mele

1 limone

farina

olio d'oliva

sale e pepe

PROGETTO

Condire il nasello, spolverarlo di farina e friggerlo in poco olio caldo. Tirare fuori e posizionare su un piatto.

Sbucciare le mele, tagliarle a fettine sottili e metterle nella padella. Bagnare nel sidro e cuocere in forno a 165ºC per 15 minuti.

Togliere le mele e la salsa. Aggiungere lo zucchero e le foglie di menta.

Servire il pesce con la composta.

SCIOCCO

Un'altra versione della stessa ricetta. Infarinare il nasello, friggerlo e metterlo in una casseruola con le mele e il sidro. Cuocere a fuoco lento per 6 minuti. Togliere il nasello e lasciare ridurre la salsa. Unire poi la menta e lo zucchero.

SALMONE MARINATO

INGREDIENTI

Filetto di salmone da 1kg

500 grammi di zucchero

4 cucchiai di aneto tritato

500 grammi di sale grosso

olio d'oliva

PROGETTO

Mescolare in una ciotola il sale con lo zucchero e l'aneto. Disporre la metà sul fondo di una teglia. Aggiungete il salmone e coprite con l'altra metà del composto.

Conservare in frigorifero per 12 ore. Rimuovere e risciacquare con acqua fredda. Sfilettare e coprire con olio.

SCIOCCO

Puoi mescolare il sale con qualsiasi erba o spezia (zenzero, chiodi di garofano, curry, ecc.)

Trota con formaggio blu

INGREDIENTI

4 trote

75 g di formaggio erborinato

75 grammi di burro

40 cl di panna liquida

1 bicchiere piccolo di vino bianco

farina

olio d'oliva

sale e pepe

PROGETTO

Scaldare il burro in una casseruola con un filo d'olio. Friggere le trote infarinate e salate per 5 minuti per lato. Prenotazioni.

Versare il vino e il formaggio nel grasso rimasto dopo la frittura. Cuocere, mescolando continuamente, finché il vino non sarà quasi scomparso e il formaggio sarà completamente sciolto.

Aggiungere la panna e cuocere fino al raggiungimento della consistenza desiderata. Condire con sale e pepe. Salsa sulla trota.

SCIOCCO

Preparare una salsa agrodolce al formaggio erborinato, sostituendo la panna con succo d'arancia fresco.

TATAKI DI TONNO MARINATO ALLA SOIA

INGREDIENTI

1 filetto di tonno (o salmone)

1 bicchiere di soia

1 bicchiere di aceto

2 cucchiai colmi di zucchero

Buccia di 1 piccola arancia

aglio

sesamo tostato

Zenzero

PROGETTO

Pulite bene il tonno e tagliatelo a barrette. Rosolare leggermente su tutti i lati in una padella molto calda e raffreddare subito in acqua ghiacciata per fermare la cottura.

Mescolare in una ciotola la soia, l'aceto, lo zucchero, la scorza d'arancia, lo zenzero e l'aglio. Aggiungere il pesce e marinare per almeno 3 ore.

Cospargere di semi di sesamo, tagliare a fettine e servire.

SCIOCCO

Questa ricetta deve essere realizzata con pesce precedentemente congelato per evitare l'anisakis.

Torta Di Nasello

INGREDIENTI

1 kg di nasello

1 litro di panna

1 cipolla grande

1 bicchiere di alcol

8 uova

pomodoro fritto

olio d'oliva

sale e pepe

PROGETTO

Tagliare la cipolla a julienne e farla rosolare in padella. Quando sarà morbido aggiungere il nasello. Cuocere fino a cottura e friabile.

Poi alzate la fiamma e versateci sopra il cognac. Lasciare ridurre e aggiungere un po' di pomodoro.

Togliere dal fuoco e aggiungere le uova e la panna. Distruggi tutto. Condire a piacere e versare in uno stampo. Cuocere a bagnomaria nel forno a 350F per almeno 1 ora o fino a quando un ago inserito esce pulito.

SCIOCCO

Servire con rosé o remoulade. Può essere preparato con qualsiasi pesce bianco disossato.

CARTE PANATE CON COD

INGREDIENTI

250 g di merluzzo dissalato

100 grammi di gamberetti

2 cucchiai di pomodori fritti

2 cucchiai di burro

2 cucchiai di farina

1 lattina di peperoncino piquillo

2 spicchi d'aglio

1 cipolla

Brandy

olio d'oliva

sale e pepe

PROGETTO

Coprire il merluzzo con acqua e cuocere per 5 minuti. Rimuovere e riservare l'acqua di cottura.

Soffriggere la cipolla e tritare gli spicchi d'aglio a pezzetti. Sbucciare i gamberi e mettere il guscio nella padella delle cipolle. Friggere bene. Alziamo la fiamma e aggiungiamo una spruzzata di cognac e il pomodoro arrostito. Bagnare il baccalà in acqua bollente e cuocerlo per 25 minuti. Mescolare e filtrare.

Friggere e riservare i gamberi tritati.

Soffriggere la farina nel burro per circa 5 minuti, aggiungere il brodo filtrato e cuocere per altri 10 minuti, mescolando con una frusta.

Aggiungiamo il merluzzo a pezzi e i gamberi saltati. Aggiustare di sale e pepe e lasciare raffreddare.

Farcite i peperoni con la pastella precedente e servite.

SCIOCCO

La salsa perfetta per questi peperoni è la Vizcaina (vedi sezione brodi e salse).

LUMINOSO

INGREDIENTI

1 kg di calamari interi

150 grammi di farina di frumento

50 g di farina di ceci

olio d'oliva

Sale

PROGETTO

Pulite bene i calamari, eliminate il guscio esterno e pulite bene l'interno. Tagliateli a listarelle sottili nel senso della lunghezza e non della larghezza. Sale.

Mescolare la farina di frumento e la farina di ceci e spolverare i calamari con la farina.

Scaldate bene l'olio e friggete poco a poco gli anelli di calamari fino a doratura. Servire immediatamente.

SCIOCCO

Salare i calamari 15 minuti prima e friggerli in olio molto caldo.

SOLDATI DI PAVIA

INGREDIENTI

500 g di baccalà salato

1 cucchiaio di origano

1 cucchiaio di cumino macinato

1 cucchiaio di colorante alimentare

1 cucchiaio di paprika

1 bicchiere di aceto

2 spicchi d'aglio

1 foglia di alloro

farina

olio caldo

Sale

PROGETTO

Mescolare in una ciotola l'origano, il cumino, la paprika in polvere, l'aglio schiacciato, il bicchiere di aceto e un altro bicchiere d'acqua e condire con un pizzico di sale. Mettete il baccalà dissalato tagliato a listarelle nella marinata per 24 ore.

Mescola il colorante alimentare e la farina. Infarinare i listelli di baccalà, scolarli e friggerli in abbondante olio ben caldo.

SCIOCCO

Servire subito in modo che l'interno sia succoso e l'esterno croccante.

FRITTURE DI GAMBERI

INGREDIENTI

125 g di gamberi crudi

75 grammi di farina di frumento

50 g di farina di ceci

5 fili di zafferano (o colorante)

¼ cipolla verde

Prezzemolo fresco

Olio extravergine d'oliva

Sale

PROGETTO

Tostare per qualche secondo in forno lo zafferano avvolto nella pellicola.

Mescolare in una ciotola la farina, il sale, lo zafferano in polvere, l'erba cipollina tritata finemente, il prezzemolo tritato, 125 ml di acqua fredda e i gamberi.

Friggere l'impasto steso cucchiaio per cucchiaio in abbondante olio. Lascia riposare finché non diventa di un bel colore.

SCIOCCO

Mescolando con un cucchiaio l'impasto dovrà avere la consistenza dello yogurt.

TROTA A NAVARRA

INGREDIENTI

4 trote

8 fette di prosciutto serrano

farina

olio d'oliva

Sale

PROGETTO

Disporre 2 fette di prosciutto serrano su ogni trota pulita ed eviscerata. farina e condire con sale.

Friggere in abbondante olio ed eliminare il grasso in eccesso con carta da cucina.

SCIOCCO

La temperatura dell'olio deve essere media affinché non bolle solo all'esterno e il calore non penetri al centro del pesce.

CROSTATE DI SALMONE CON AVOCADO

INGREDIENTI

500 g di salmone senza lische né pelle

6 capperi

4 pomodori

3 cetrioli sottaceto

2 avocado

1 cipollotto

succo di 2 limoni

Tabasco

olio d'oliva

Sale

PROGETTO

Sbucciare e togliere il torsolo ai pomodori. Scolare l'avocado. Tritate tutti gli ingredienti il più finemente possibile e mescolateli in una ciotola.

Condire con succo di limone, qualche goccia di tabasco, olio d'oliva e sale.

SCIOCCO

Può essere preparato con salmone affumicato o altri pesci simili come la trota.

Capesante alla Galiziana

INGREDIENTI

8 capesante

125 grammi di cipolla

125 grammi di prosciutto serrano

80 grammi di pangrattato

1 cucchiaio di prezzemolo fresco

½ cucchiaino di paprika dolce

1 uovo sodo, tritato

PROGETTO

Tritare finemente la cipolla e farla rosolare a fuoco basso per 10 minuti. Aggiungete il prosciutto tagliato a cubetti e fate rosolare per altri 2 minuti. Aggiungere la paprika in polvere e cuocere per altri 10 secondi. Tirare fuori e lasciare raffreddare.

Quando sarà freddo, mettetelo in una ciotola e aggiungete il pangrattato, il prezzemolo tritato e l'uovo. Mescolare.

Farcire le capesante con il composto precedente, disporle su una teglia e infornare a 170ºC per 15 minuti.

SCIOCCO

Per risparmiare tempo, preparateli in anticipo e cuoceteli il giorno in cui ne avrete bisogno. Si può preparare anche con capesante e perfino con ostriche.

POLLO IN SALSA CON FUNGHI

INGREDIENTI

1 pollo

350 grammi di funghi

½ litro di brodo di pollo

1 bicchiere di vino bianco

1 rametto di timo

1 rametto di rosmarino

1 foglia di alloro

2 pomodori

1 peperone verde

1 spicchio d'aglio

1 cipolla

1 pepe di cayenna

olio d'oliva

sale e pepe

PROGETTO

Tritare, condire e rosolare il pollo a fuoco vivace. Rimuovi e prenota. Nello stesso olio far rosolare a fuoco basso per 5 minuti la cipolla, il pepe di cayenna, la paprika e l'aglio tagliato a pezzetti molto piccoli. Alzare la fiamma e aggiungere i pomodorini grattugiati. Cuocere fino a quando tutta l'acqua sarà scomparsa dal pomodoro.

Rimettere il pollo e bagnarlo con il vino finché non si sarà ridotto e la salsa sarà quasi asciutta. Versare il brodo e aggiungere le erbe aromatiche. Cuocere per circa 25 minuti o fino a quando il pollo sarà tenero.

Fate soffriggere separatamente le fette di funghi salati in una padella calda con un filo d'olio per 2 minuti. Aggiungeteli alla pentola del pollo e cuocete per altri 2 minuti. Aggiustate di sale se necessario.

SCIOCCO

Il risultato è altrettanto buono se cucinato con i finferli.

POLLO IN SALAMOIA CON SIDRO

INGREDIENTI

1 pollo

2 bicchieri di aceto

4 bicchieri di sidro

2 spicchi d'aglio

2 carote

1 foglia di alloro

1 porro

2 bicchieri di olio

sale e pepe in grani

PROGETTO

Tritare il pollo, condirlo e friggerlo in una casseruola. Tira fuori e prenota. Nello stesso olio facciamo soffriggere le carote tagliate a bastoncini, i porri e gli spicchi d'aglio tritati. Quando le verdure saranno morbide, aggiungere il liquido.

Aggiungete le foglie di alloro e il pepe, aggiustate di sale e fate cuocere per altri 5 minuti. Aggiungere il pollo e cuocere per altri 12 minuti. Coprire e lasciare fuori dal fuoco.

SCIOCCO

Si può conservare coperta in frigorifero per diversi giorni. La stagionatura è un modo di conservare il cibo.

STUFATO DI POLLO CON NUSCALES

INGREDIENTI

1 pollo grande

150 grammi di finferli

1 bicchiere di alcol

1 rametto di timo

1 rametto di rosmarino

2 pomodori grattugiati

2 spicchi d'aglio

1 peperone verde

1 peperone rosso

1 carota

1 cipolla

Zuppa di pollo

farina

olio d'oliva

sale e pepe

PROGETTO

Condire e infarinare il pollo tritato. Friggere a fuoco vivace con un filo d'olio, togliere e conservare.

Nello stesso olio far rosolare la carota tagliata a pezzetti, la cipolla, l'aglio e la paprika per 20 minuti a fuoco basso.

Alzare la fiamma e aggiungere i pomodorini grattugiati. Cuocere fino a quando quasi tutta l'acqua sarà scomparsa dai pomodori. Aggiungere i finferli puliti e tritati. Cuocere a fuoco vivace per 3 minuti, coprire con il cognac e lasciare ridurre.

Rimettete il pollo e copritelo con il brodo. Aggiungete le erbe aromatiche e fate cuocere per altri 25 minuti.

SCIOCCO

Per questo piatto potete utilizzare qualsiasi tipo di fungo di stagione.

Filetto di pollo alla MADRILEÑA

INGREDIENTI

8 filetti di pollo

3 spicchi d'aglio

2 cucchiai di prezzemolo fresco

1 cucchiaino di cumino macinato

farina, uova e pangrattato (per la panatura)

olio d'oliva

sale e pepe

PROGETTO

Mescolare il prezzemolo e l'aglio tritati finemente con il pangrattato e il cumino.

Condire i filetti e ricoprirli con la farina, l'uovo sbattuto e il composto precedente.

Premere con le mani in modo che la panatura aderisca bene. Friggere in abbondante olio caldo fino a doratura.

SCIOCCO

Si possono gratinare con qualche fetta di mozzarella e pomodorini concasse (vedi sezione brodi e salse).

POLLO FRICANDÓ CON FUNGHI SHIITAKE

INGREDIENTI

1 chilo di filetti di pollo

250 grammi di funghi shiitake

250 ml di brodo di pollo

150 ml di cognac

2 pomodori

1 carota

1 spicchio d'aglio

1 porro

½ erba cipollina

1 mazzetto di erbe aromatiche (timo, rosmarino, alloro...)

1 cucchiaino di paprica

farina

olio d'oliva

sale e pepe

PROGETTO

Condire e infarinare i filetti di pollo tagliati in quarti. Friggere in poco olio a fuoco medio e togliere.

Far rosolare nello stesso olio le verdure tagliate a pezzetti, aggiungere la paprika e completare con il pomodoro grattugiato.

Fate rosolare bene finché il pomodoro non perderà tutta la sua acqua, alzate la fiamma e aggiungete i funghi. Cuocere per 2 minuti e poi immergere nel brandy. Lasciate evaporare tutto l'alcol e rimettete dentro il pollo.

Versare il brodo e aggiungere le erbe aromatiche. Aggiustare di sale e cuocere per altri 5 minuti a fuoco basso.

SCIOCCO

Coprite e lasciate riposare per 5 minuti per permettere ai sapori di amalgamarsi meglio.

IL POLLO AL WHISKY PAGA

INGREDIENTI

12 cosce di pollo

200ml di panna

150 ml di whisky

100 ml di brodo di pollo

3 tuorli d'uovo

1 cipollotto

farina

olio d'oliva

sale e pepe

PROGETTO

Condire, infarinare e friggere le cosce di pollo. Rimuovi e prenota.

Nello stesso olio fate rosolare la cipolla tritata finemente per 5 minuti. Aggiungere il whisky e flambé (la campana deve essere spenta). Versare la panna e il brodo. Rimettete il pollo e lasciate cuocere per 20 minuti.

Togliere dal fuoco, aggiungere i tuorli e mescolare delicatamente in modo che la salsa si addensi un po'. Condire con sale e pepe se necessario.

SCIOCCO

Il whisky può essere sostituito dalla bevanda alcolica che ci piace di più.

ANATRA ARROSTO

INGREDIENTI

1 anatra pulita

1 litro di brodo di pollo

4 dl di salsa di soia

3 cucchiai di miele

2 spicchi d'aglio

1 cipolla piccola

1 pepe di cayenna

zenzero fresco

olio d'oliva

sale e pepe

PROGETTO

In una ciotola, mescolare il brodo di pollo, la soia, l'aglio grattugiato, il pepe di cayenna e la cipolla tritati finemente, il miele, un pezzo di zenzero grattugiato e il pepe. Marinare l'anatra in questa miscela per 1 ora.

Togliere dalla marinata e disporla su un piatto con metà del liquido della marinata. Grigliare a 200°C per 10 minuti per lato. Bagnare costantemente con un pennello.

Abbassare il forno a 180°C e cuocere per altri 18 minuti su ciascun lato (continuare a dipingere ogni 5 minuti con un pennello).

Rimuovere e mettere da parte l'anatra e ridurre la salsa della metà in una casseruola a fuoco medio.

SCIOCCO

Cuocere gli uccelli prima con il petto rivolto verso il basso, questo li renderà meno asciutti e più succosi.

PETTO DI POLLO VILLAROY

INGREDIENTI

1 chilo di petto di pollo

2 carote

2 gambi di sedano

1 cipolla

1 porro

1 rapa

farina, uova e pangrattato (per la panatura)

per la besciamella

1 litro di latte

100 grammi di burro

100 grammi di farina

Arachide

sale e pepe

PROGETTO

Lessare tutte le verdure mondate in 2 litri di acqua (fredda) per 45 minuti.

Nel frattempo preparate la besciamella facendo rosolare la farina nel burro a fuoco medio per 5 minuti. Aggiungere poi il latte e mescolare. Assaggia e aggiungi noce moscata. Cuocere a fuoco basso per 10 minuti, mescolando continuamente.

Filtrare il brodo e cuocervi i petti (interi o filettati) per 15 minuti. Tirare fuori e lasciare raffreddare. Versare la besciamella sui petti e conservare in frigorifero. Quando sarà freddo, passatelo nella farina, poi nell'uovo e infine nel pangrattato. Friggere in abbondante olio e servire ben caldo.

SCIOCCO

Potete lavorare il brodo e le verdure grattugiate fino ad ottenere una deliziosa crema.

Petto di pollo con salsa di senape al limone

INGREDIENTI

4 petti di pollo

250 ml di panna

3 cucchiai di brandy

3 cucchiai di senape

1 cucchiaio di farina

2 spicchi d'aglio

1 limone

½ erba cipollina

olio d'oliva

sale e pepe

PROGETTO

Condire i petti, tagliati a pezzi uguali, con un filo d'olio e friggerli. Prenotazioni.

Nello stesso olio fate soffriggere la cipolla e l'aglio tritato finemente. Aggiungere la farina e cuocere per 1 min. Aggiungete il cognac finché non sarà evaporato e versate la panna, 3 cucchiai di succo di limone e la sua scorza, la senape e il sale. Cuocere la salsa per 5 minuti.

Aggiungere il pollo e cuocere a fuoco lento per altri 5 minuti.

SCIOCCO

Sbucciare il limone prima di estrarne il succo. Per risparmiare potete prepararla anche con il pollo tritato al posto del petto.

FRITTO DIPINTO CON PRUGNE E FUNGHI

INGREDIENTI

1 dipinto

250 grammi di funghi

Porto da 200 ml

¼ litro di brodo di pollo

15 prugne snocciolate

1 spicchio d'aglio

1 cucchiaino di farina

olio d'oliva

sale e pepe

PROGETTO

Salare, pepare e arrostire la faraona con le prugne per 40 minuti a 175ºC. Giratela a metà cottura. Quando il tempo è scaduto, rimuovere e conservare i succhi.

Fate soffriggere in una padella 2 cucchiai di olio e farina per 1 minuto. Bagnare nel vino e far ridurre della metà. Versare il succo e il brodo nella padella. Cuocere per 5 minuti, mescolando continuamente.

A parte rosolare i funghi con un po' di aglio tritato, unirli al sugo e portare a bollore. Servire la faraona con la salsa.

SCIOCCO

Per le occasioni speciali potete riempire la faraona con mela, foie gras, carne macinata e frutta secca.

 AVES

PETTO DI POLLO VILLAROY CON PIQUILLOS CARAMELLATI ALL'ACETO MATURATO

INGREDIENTI

4 filetti di petto di pollo

100 grammi di burro

100 grammi di farina

1 litro di latte

1 lattina di peperoncino piquillo

1 bicchiere di aceto di Modena

½ bicchiere di zucchero

noce moscata

Uova e pangrattato (per la panatura)

olio d'oliva

sale e pepe

PROGETTO

Fate rosolare il burro e la farina a fuoco basso per 10 minuti. Versare poi il latte e cuocere per 20 minuti, mescolando continuamente. Assaggia e aggiungi noce moscata. Lasciate raffreddare.

Nel frattempo caramellare i peperoni con l'aceto e lo zucchero finché l'aceto comincia (appena inizia) ad addensarsi.

Condire i filetti e farcirli con il piquillo. Avvolgere i petti nella pellicola trasparente come se fossero una caramella durissima, sigillare e cuocere in acqua per 15 minuti.

A cottura ultimata spennellate tutti i lati con la besciamella e passatela nell'uovo sbattuto e nel pangrattato. Friggere in abbondante olio.

SCIOCCO

Se aggiungete qualche cucchiaio di curry mescolando la farina con la besciamella, il risultato sarà diverso e molto ricco.

PETTO DI POLLO SPALMATO CON PANCETTA, FUNGHI E FORMAGGIO

INGREDIENTI

4 filetti di petto di pollo

100 grammi di funghi

4 fette di pancetta affumicata

2 cucchiai di senape

6 cucchiai di panna

1 cipolla

1 spicchio d'aglio

tagliare il formaggio

olio d'oliva

sale e pepe

PROGETTO

Condire i filetti di pollo. Pulite e tagliate in quarti i funghi.

Soffriggere la pancetta e far rosolare i funghi tritati con l'aglio a fuoco vivace.

Farcite i filetti con pancetta, formaggio e funghi e chiudeteli perfettamente con la pellicola come se fossero caramelle. Cuocere in acqua bollente per 10 minuti. Togliere il foglio di alluminio e filettare.

D'altra parte, far rosolare la cipolla tagliata a pezzetti, aggiungere la panna e la senape, cuocere e frullare per 2 minuti. salsa sul pollo

SCIOCCO

La pellicola trasparente resiste alle alte temperature e non conferisce alcun sapore agli alimenti.

POLLO AL VINO DOLCE CON PLOOMMOON

INGREDIENTI

1 pollo grande

100 g di prugne snocciolate

½ litro di brodo di pollo

½ bottiglia di vino dolce

1 cipollotto

2 carote

1 spicchio d'aglio

1 cucchiaio di farina

olio d'oliva

sale e pepe

PROGETTO

Condire i pezzi di pollo in una pentola molto calda con olio e rosolarli. Tira fuori e prenota.

Nello stesso olio fate soffriggere la cipolla, l'aglio e la carota tritata finemente. Quando le verdure saranno ben bollite, aggiungere la farina e cuocere per un altro minuto.

Versare il vino dolce e alzare la fiamma fino a farlo ridurre quasi del tutto. Bagnare con il brodo e aggiungere nuovamente il pollo e le prugne secche.

Cuocere per circa 15 minuti o fino a quando il pollo sarà tenero. Togliere il pollo e unirlo alla salsa. Condire con sale.

SCIOCCO

Se alla salsa grattugiata aggiungete un po' di burro freddo e la sbattete con una frusta, risulterà più densa e lucida.

PETTO DI POLLO ALL'ARANCIA CON ANACARDI

INGREDIENTI

4 petti di pollo

75 g di anacardi

2 bicchieri di succo d'arancia fresco

4 cucchiai di miele

2 cucchiai di Cointreau

farina

olio d'oliva

sale e pepe

PROGETTO

Condire e infarinare i petti. Friggere in abbondante olio, togliere e mettere da parte.

Far bollire il succo d'arancia con Cointreau e miele per 5 minuti. Aggiungere i petti alla salsa e cuocere a fuoco lento per 8 minuti.

Servire con salsa e anacardi.

SCIOCCO

Un altro modo per fare una buona salsa all'arancia è quello di iniziare con colori non molto scuri a cui aggiungere il succo d'arancia naturale.

SCELTO DEL RAP

INGREDIENTI

4 pernici

300 grammi di cipolla

200 grammi di carote

2 bicchieri di vino bianco

1 spicchio d'aglio

1 foglia di alloro

1 bicchiere di aceto

1 bicchiere di olio

sale e 10 grani di pepe

PROGETTO

Condire le pernici con sale e pepe e friggerle a fuoco vivace. Rimuovi e prenota.

Nello stesso olio soffriggere le carote e le cipolle tagliate a listarelle. Quando le verdure saranno morbide aggiungere il vino, l'aceto, il pepe in grani, il sale, l'aglio e l'alloro. Arrostire per 10 minuti.

Rimettere la pernice e cuocere a fuoco basso per altri 10 minuti.

SCIOCCO

Affinché la carne o il pesce in salamoia acquisiscano più sapore, devono riposare per almeno 24 ore.

POLLI CACITORI

INGREDIENTI

1 pollo tritato

50 g di funghi a fette

½ litro di brodo di pollo

1 bicchiere di vino bianco

4 pomodori grattugiati

2 carote

2 spicchi d'aglio

1 porro

½ cipolla

1 mazzetto di erbe aromatiche (timo, rosmarino, alloro...)

olio d'oliva

sale e pepe

PROGETTO

Condire il pollo con un filo d'olio in una padella ben calda e friggerlo. Tira fuori e prenota.

Nello stesso olio fate soffriggere le carote, l'aglio, i porri e la cipolla tritati. Aggiungere poi il pomodoro grattugiato. Friggere finché il pomodoro non perde l'acqua. Rimetti a posto il pollo.

Friggere i funghi separatamente e aggiungere anche quelli nella pentola. Versare il bicchiere di vino e lasciarlo ridurre.

Versare il brodo e aggiungere le erbe aromatiche. Cuocere fino a quando il pollo sarà tenero. Aggiungi sale.

SCIOCCO

Questo piatto può essere preparato anche con il tacchino e perfino con il coniglio.

Ali di pollo in stile COCA Cola

INGREDIENTI

1 kg di ali di pollo

Coca Cola da ½ litro

4 cucchiai di zucchero di canna

2 cucchiai di salsa di soia

1 cucchiaio pari di origano

½ limone

sale e pepe

PROGETTO

Mettete in un pentolino la Coca-Cola, lo zucchero, la soia, l'origano e il succo di mezzo limone e lasciate bollire per 2 minuti.

Tagliare le ali a metà e condire con sale. Cuoceteli a 160ºC finché non assumono un po' di colore. Ora aggiungi metà della salsa e gira le ali. Girateli ogni 20 minuti.

Quando la salsa sarà quasi ridotta, aggiungete l'altra metà e continuate a mescolare finché la salsa non si sarà addensata.

SCIOCCO

L'aggiunta di un rametto di vaniglia durante la preparazione della salsa ne esalta il sapore e le dona un tocco caratteristico.

POLLO CON AGLIO

INGREDIENTI

1 pollo tritato

8 spicchi d'aglio

1 bicchiere di vino bianco

1 cucchiaio di farina

1 pepe di cayenna

Aceto

olio d'oliva

sale e pepe

PROGETTO

Condire il pollo e friggerlo bene. Prenota e lascia raffreddare l'olio.

Tagliare gli spicchi d'aglio a cubetti e concentrare l'aglio e il pepe di cayenna (cuocere nell'olio, non friggere) senza colorare.

Sfumare con il vino e far ridurre fino ad ottenere una consistenza densa ma non asciutta.

Poi aggiungete il pollo e poco a poco sopra il cucchiaino di farina. Mescolare (controllare se l'aglio si attacca al pollo; in caso contrario aggiungere un po' più di farina finché non diventa un po' appiccicoso).

Coprire e mescolare di tanto in tanto. Cuocere per 20 minuti a fuoco basso. Terminare con una spruzzata di aceto e cuocere per 1 altro minuto.

SCIOCCO

La padella di pollo è un must. Deve essere molto caldo affinché risulti dorato fuori e succoso dentro.

POLLO POLLO

INGREDIENTI

1 pollo piccolo, tritato

350 g di prosciutto serrano tritato

1 lattina da 800 g di pomodorini a pezzi

1 peperone rosso grande

1 peperone verde grande

1 cipolla grande

2 spicchi d'aglio

timo

1 bicchiere di vino bianco o rosso

zucchero

olio d'oliva

sale e pepe

PROGETTO

Condire il pollo e friggerlo a fuoco vivace. Tira fuori e prenota.

Nello stesso olio far rosolare la paprika, l'aglio e la cipolla tagliati a pezzetti medi. Quando le verdure saranno ben dorate, aggiungete il prosciutto e fate rosolare per altri 10 minuti.

Rimettete il pollo e bagnatelo nel vino. Lasciare raffreddare a fuoco vivace per 5 minuti e aggiungere il pomodoro e il timo. Abbassate la fiamma e fate cuocere per altri 30 minuti. Regolare sale e zucchero.

SCIOCCO

La stessa ricetta si può fare con le polpette. Non c'è più niente nel piatto!

RACCOLTA CON QUAGLIA E FRUTTI ROSSI

INGREDIENTI

4 quaglie

150 grammi di frutti rossi

1 bicchiere di aceto

2 bicchieri di vino bianco

1 carota

1 porro

1 spicchio d'aglio

1 foglia di alloro

farina

1 bicchiere di olio

sale e pepe in grani

PROGETTO

Infarinare i quark in una padella, condire e friggere. Tira fuori e prenota.

Nello stesso olio fate soffriggere la carota e il porro tagliati a bastoncini e l'aglio a fettine. Quando le verdure saranno morbide aggiungere l'olio, l'aceto e il vino.

Aggiungere le foglie di alloro e il pepe. Salare e cuocere insieme ai frutti rossi per 10 minuti.

Aggiungere la quaglia e farla rosolare per altri 10 minuti finché sarà tenera. Coprire e lasciare fuori dal fuoco.

SCIOCCO

Insieme alla quaglia, questa marinata è un meraviglioso condimento e guarnizione per una buona insalata.

POLLO AL LIMONE

INGREDIENTI

1 pollo

30 grammi di zucchero

25 grammi di burro

1 litro di brodo di pollo

1 litro di vino bianco

succo di 3 limoni

1 cipolla

1 porro

olio d'oliva

sale e pepe

PROGETTO

Tritare e condire il pollo. Rosolare a fuoco vivace e togliere.

Mondate la cipolla, mondate il porro e tagliatelo a julienne. Friggere le verdure nello stesso olio in cui è stato cotto il pollo. Bagnare nel vino e lasciarlo ridurre.

Aggiungere il succo di limone, lo zucchero e il brodo. Cuocere per 5 minuti e aggiungere nuovamente il pollo. Cuocere a fuoco lento per altri 30 minuti. Condire con sale e pepe.

SCIOCCO

Affinché la salsa sia più tenera e senza pezzi di verdura, è meglio tritarla.

POLLO SAN JACOBO CON PROSCIUTTO SERRANO, TORTA MARY E RUCOLA

INGREDIENTI

8 filetti di pollo sottili

Torta Casar da 150 g

100 g di rucola

4 fette di prosciutto serrano

Farina, uova e fiocchi (per impanare)

olio d'oliva

sale e pepe

PROGETTO

Condire i filetti di pollo e cospargerli con il formaggio. Disporre su uno di questi la rucola e il prosciutto serrano e aggiungerne un altro sopra per chiuderlo. Fai lo stesso con il resto.

Passateli nella farina, nell'uovo sbattuto e nei cereali tritati. Friggere in abbondante olio ben caldo per 3 minuti.

SCIOCCO

Può essere ricoperto con popcorn tritati, kikos e persino vermi. Il risultato è molto divertente.

POLLO AL CURRY AL FORNO

INGREDIENTI

4 cosce di pollo (a persona)

1 litro di panna

1 cipollotto o cipolla

2 cucchiai di curry

4 yogurt naturali

Sale

PROGETTO

Tritate finemente la cipolla e mescolatela in una ciotola con lo yogurt, la panna e il curry. Con il sale.

Praticate dei tagli nel pollo e lasciatelo marinare nella salsa allo yogurt per 24 ore.

Infornare per 90 minuti a 180°C, togliere il pollo e servire con la panna montata.

SCIOCCO

Se avanza del sugo potete utilizzarlo per preparare delle deliziose polpette.

POLLO AL VINO ROSSO

INGREDIENTI

1 pollo tritato

½ litro di vino rosso

1 rametto di rosmarino

1 rametto di timo

2 spicchi d'aglio

2 porri

1 peperone rosso

1 carota

1 cipolla

Zuppa di pollo

farina

olio d'oliva

sale e pepe

PROGETTO

Condire il pollo e rosolarlo in una padella ben calda. Tira fuori e prenota.

Tagliate le verdure a pezzetti e fatele soffriggere nello stesso olio in cui è stato fritto il pollo.

Bagnare con il vino, aggiungere le erbe aromatiche e cuocere a fuoco vivace per circa 10 minuti finché non si sarà ridotto. Ripiegare il pollo e spennellare con il brodo fino a ricoprirlo. Cuocere per altri 20 minuti o fino a quando la carne sarà tenera.

SCIOCCO

Se volete una salsa più liquida e senza grumi, frullate e filtrate la salsa.

POLLO FRITTO CON BIRRA NERA

INGREDIENTI

4 cosce di pollo

Birra scura da 750 ml

1 cucchiaio di cumino

1 rametto di timo

1 rametto di rosmarino

2 cipolle

3 spicchi d'aglio

1 carota

sale e pepe

PROGETTO

Tagliare la cipolla, la carota e l'aglio a julienne. Disporre sul fondo di una teglia il timo e il rosmarino e sopra adagiarvi la cipolla, la carota e l'aglio; e poi le cosce di pollo, con la pelle rivolta verso il basso, condite con un pizzico di cumino. Infornare a 175°C per circa 45 minuti.

Dopo 30 minuti bagnamo con la birra, giriamo le basi e inforniamo per altri 45 minuti. Quando il pollo sarà arrostito, toglietelo dalla padella e frullatelo con la salsa.

SCIOCCO

Se mettete al centro dell'arrosto 2 mele a fette e le schiacciate insieme al resto della salsa, il sapore sarà ancora migliore.

SAPONE AL CIOCCOLATO

INGREDIENTI

4 pernici

½ litro di brodo di pollo

½ bicchiere di vino rosso

1 rametto di rosmarino

1 rametto di timo

1 cipollotto

1 carota

1 spicchio d'aglio

1 pomodoro grattugiato

cioccolato

olio d'oliva

sale e pepe

PROGETTO

Condire e friggere le pernici. Prenotazioni.

Nello stesso olio soffriggere a fuoco medio la carota, l'aglio e l'erba cipollina tritati finemente. Alzare la fiamma e aggiungere il pomodoro. Cuocere finché non perderà l'acqua. Bagnare nel vino e lasciarlo ridurre quasi completamente.

Versare il brodo e aggiungere le erbe aromatiche. Cuocere a fuoco basso fino a quando le pernici saranno morbide. Aggiungi sale. Togliere dal fuoco e aggiungere il cioccolato a piacere. Eliminare.

SCIOCCO

Per dare un tocco piccante al piatto potete aggiungere pepe di cayenna e, se lo volete croccante, aggiungete nocciole o mandorle tostate.

QUARTI DI TACCHINO FRITTI CON SALSA AI FRUTTI ROSSI

INGREDIENTI

4 cosce di tacchino

250 grammi di frutti rossi

½ litro di spumante

1 rametto di timo

1 rametto di rosmarino

3 spicchi d'aglio

2 porri

1 carota

olio d'oliva

sale e pepe

PROGETTO

Pulite il porro, la carota e l'aglio e tagliateli a listarelle. Mettete queste verdure su un piatto insieme al timo, al rosmarino e ai frutti rossi.

Disporre sopra i quarti di tacchino, conditi con un filo d'olio, con la pelle rivolta verso il basso. Cuocere a 175°C per 1 ora.

Bagno con cava dopo 30 minuti. Girare la carne e arrostire per altri 45 minuti. Trascorso il tempo, lo togliamo dalla ciotola. Mescolare, filtrare e aggiustare di sale la salsa.

SCIOCCO

Il tacchino è pronto quando la coscia e la coscia si separano facilmente.

POLLO FRITTO CON SALSA DI PESCHE

INGREDIENTI

4 cosce di pollo

½ litro di vino bianco

1 rametto di timo

1 rametto di rosmarino

3 spicchi d'aglio

2 pesche

2 cipolle

1 carota

olio d'oliva

sale e pepe

PROGETTO

Tagliare la cipolla, la carota e l'aglio a julienne. Sbucciare le pesche, tagliarle a metà e togliere il nocciolo.

Disporre il timo e il rosmarino sul fondo di una teglia insieme alla carota, alla cipolla e all'aglio. Posizionare sopra la parte posteriore unta, con la pelle rivolta verso il basso, e arrostire a 175°C per circa 45 minuti.

Dopo 30 minuti bagnarle con il vino bianco, girarle e farle cuocere per altri 45 minuti. Quando il pollo sarà arrostito, toglietelo dalla padella e frullatelo con la salsa.

SCIOCCO

All'arrosto si possono aggiungere mele o pere. La salsa avrà un buon sapore.

FILETTO DI POLLO CON SPINACI E MOZZARELLA

INGREDIENTI

8 filetti di pollo sottili

200 g di spinaci freschi

150 grammi di mozzarella

8 foglie di basilico

1 cucchiaino di cumino macinato

farina, uova e pangrattato (per la panatura)

olio d'oliva

sale e pepe

PROGETTO

Condire il seno su entrambi i lati. Coprire con gli spinaci, il formaggio tritato e il basilico tritato e coprire con un altro filetto. Passare nella farina, nell'uovo sbattuto e in un composto di pangrattato e cumino.

Friggere per qualche minuto su ciascun lato, eliminando l'olio in eccesso su carta assorbente.

SCIOCCO

L'accompagnamento perfetto è una buona salsa di pomodoro. Questo piatto può essere preparato con tacchino e anche con strisce di controfiletto fresco.

POLLO FRITTO CON CAVA

INGREDIENTI

4 cosce di pollo

1 bottiglia di spumante

1 rametto di timo

1 rametto di rosmarino

3 spicchi d'aglio

2 cipolle

olio d'oliva

sale e pepe

PROGETTO

Tagliare la cipolla e l'aglio a julienne. Disporre il timo e il rosmarino sul fondo di una teglia e adagiarvi sopra la cipolla, l'aglio e poi le zampe posteriori condite, con la pelle rivolta verso il basso. Infornare a 175°C per circa 45 minuti.

Dopo 30 minuti, bagniamo nel cava, giriamo e cuociamo per altri 45 minuti. Quando il pollo sarà arrostito, toglietelo dalla padella e frullatelo con la salsa.

SCIOCCO

Un'altra variante della stessa ricetta è quella di realizzarla con il lambrusco o il vino dolce.

SPITTA DI POLLO CON SALSA DI ARACHIDI

INGREDIENTI

600 grammi di petto di pollo

150 grammi di arachidi

500 ml di brodo di pollo

200ml di panna

3 cucchiai di salsa di soia

3 cucchiai di miele

1 cucchiaio di curry

1 pepe di cayenna tritato finemente

1 cucchiaio di succo di lime

olio d'oliva

sale e pepe

PROGETTO

Macinare molto bene le arachidi fino a renderle una pasta. Mescolare in una ciotola il succo di lime, il brodo, la soia, il miele, il curry, il sale e il pepe. Tagliate i petti a pezzi e fateli marinare in questo composto per una notte.

Rimuovere il pollo e lo spiedo. Far bollire il composto precedente insieme alla panna a fuoco basso per 10 minuti.

Friggere gli spiedini in una padella a fuoco medio e servire con la salsa.

SCIOCCO

Possono essere preparati con il pollo. Ma invece di rosolarle in padella, arrostitele al forno con sopra la salsa.

POLLO IN PEPITORIA

INGREDIENTI

1½ kg di pollo

250 grammi di cipolla

50 g di mandorle tostate

25 grammi di pane fritto

½ litro di brodo di pollo

¼ litro di buon vino

2 spicchi d'aglio

2 foglie di alloro

2 uova sode

1 cucchiaio di farina

14 fili di zafferano

150 grammi di olio d'oliva

sale e pepe

PROGETTO

Tritare e condire il pollo a dadini. Marrone e riserva.

Tritate la cipolla e l'aglio a pezzetti e fateli soffriggere nello stesso olio in cui è stato cotto il pollo. Aggiungete la farina e fate soffriggere a fuoco basso per 5 minuti. Bagnare nel vino e lasciarlo ridurre.

Versare il brodo salato e cuocere per altri 15 minuti. Quindi aggiungere il pollo messo da parte insieme alle foglie di alloro e cuocere fino a quando il pollo sarà tenero.

A parte tostate lo zafferano e mettetelo nel mortaio insieme al pane fritto, alle mandorle e ai tuorli d'uovo. Frullare fino a formare una pasta e aggiungere alla pentola di pollo. Cuocere per altri 5 minuti.

SCIOCCO

Non esiste miglior accompagnamento per questa ricetta di un buon riso pilaf. Può essere presentato con albumi d'uovo tritati e sopra un po' di prezzemolo tritato finemente.

POLLO ALL'ARANCIA

INGREDIENTI

1 pollo

25 grammi di burro

1 litro di brodo di pollo

1 dl di vino rosato

2 cucchiai di miele

1 rametto di timo

2 carote

2 arance

2 porri

olio d'oliva

sale e pepe

PROGETTO

Condire il pollo tritato e rosolarlo in olio d'oliva a fuoco vivace. Rimuovi e prenota.

Mondate e mondate le carote e i porri e tagliateli a julienne. Cuocere nello stesso olio in cui è stato rosolato il pollo. Versare il vino e cuocere a fuoco vivace finché non si sarà ridotto.

Aggiungere il succo d'arancia, il miele e il brodo. Cuocere per 5 minuti e rimettere i pezzi di pollo. Cuocere a fuoco lento per 30 minuti a fuoco basso. Aggiungete il burro freddo e regolate di sale e pepe.

SCIOCCO

Potete lasciare da parte una bella manciata di noci e aggiungerle in pentola a fine cottura.

Spezzatino di pollo con funghi porcini

INGREDIENTI

1 pollo

200 grammi di prosciutto serrano

200 g di funghi porcini

50 grammi di burro

600 ml di brodo di pollo

1 bicchiere di vino bianco

1 rametto di timo

1 spicchio d'aglio

1 carota

1 cipolla

1 pomodoro

olio d'oliva

sale e pepe

PROGETTO

Tritate, condite e fate rosolare il pollo nel burro e un filo d'olio. Rimuovi e prenota.

Nello stesso grasso fate rosolare la cipolla, la carota e l'aglio tagliati a pezzetti insieme al prosciutto tagliato a dadini. Alzare la fiamma e aggiungere i funghi porcini tritati. Cuocere per 2 minuti, aggiungere il pomodoro grattugiato e cuocere fino a quando perde tutta l'acqua.

Rimettete i pezzi di pollo e bagnateli con il vino. Fare ridurre fino a quando la salsa sarà quasi asciutta. Versare il brodo e aggiungere il timo. Cuocere a fuoco lento per 25 minuti o fino a quando il pollo sarà tenero. Aggiungi sale.

SCIOCCO

Utilizzare funghi secchi o di stagione.

POLLO IN SALSA CON NOCI E SOIA

INGREDIENTI

3 petti di pollo

70 grammi di uvetta

30 grammi di mandorle

30 g di anacardi

30 grammi di noci

30 grammi di nocciole

1 bicchiere di brodo di pollo

3 cucchiai di salsa di soia

2 spicchi d'aglio

1 pepe di cayenna

1 limone

Zenzero

olio d'oliva

sale e pepe

PROGETTO

Tritare i petti, condirli con sale e pepe e rosolarli in una padella a fuoco vivace. Rimuovi e prenota.

Friggere le noci in quest'olio insieme all'aglio grattugiato, un pezzetto di zenzero grattugiato, il pepe di cayenna e la scorza di limone.

Aggiungere l'uvetta, i petti di pollo messi da parte e la soia. Far ridurre per 1 minuto e bagnare nel brodo. Cuocere a fuoco medio-alto per altri 6 minuti, aggiustando di sale se necessario.

SCIOCCO

Praticamente non è necessario utilizzare il sale perché proviene quasi interamente dalla soia.

POLLO AL CIOCCOLATO CON MANDORLE TOSTATE

INGREDIENTI

1 pollo

60 g di cioccolato fondente grattugiato

1 bicchiere di vino rosso

1 rametto di timo

1 rametto di rosmarino

1 foglia di alloro

2 carote

2 spicchi d'aglio

1 cipolla

brodo di pollo (o acqua)

Mandorle tostate

Olio extravergine d'oliva

sale e pepe

PROGETTO

In una padella ben calda tritare, condire e rosolare il pollo. Rimuovi e prenota.

Nello stesso olio far rosolare a fuoco basso la cipolla, la carota e gli spicchi d'aglio tagliati a pezzetti.

Aggiungere le foglie di alloro e i rametti di timo e rosmarino. Aggiungete il vino e il brodo e lasciate cuocere per 40 minuti. Aggiustate di sale e togliete il pollo.

Filtrare la salsa con un frullatore e rimetterla nella pentola. Aggiungere il pollo e il cioccolato e mescolare finché il cioccolato non si sarà sciolto. Cuocere altri 5 minuti per amalgamare i sapori.

SCIOCCO

Terminare con mandorle tostate. L'aggiunta di pepe di cayenna o peperoncino conferisce un tocco piccante.

SPIEDINI DI AGNELLO CON VINAIGRETTE DI SENAPE E PEPERONI

INGREDIENTI

350 grammi di agnello

2 cucchiai di aceto

1 cucchiaio uniforme di paprika

1 cucchiaio uniforme di senape

1 cucchiaio pari di zucchero

1 vaschetta di pomodorini

1 peperone verde

1 peperone rosso

1 cipolla piccola

1 cipolla

5 cucchiai di olio d'oliva

sale e pepe

PROGETTO

Pulite le verdure, tranne l'erba cipollina, e tagliatele a cubetti medi. Tagliare l'agnello a cubetti della stessa dimensione. Assemblare lo spiedo alternando un pezzo di carne e un pezzo di verdura.

Stagione. Friggerli in una padella ben calda con un filo d'olio per 1 o 2 minuti per lato.

A parte mescolare in una ciotola la senape, la paprika, lo zucchero, l'olio, l'aceto e la cipolla tagliata a pezzetti. Aggiustare di sale ed emulsionare.

Servire gli spiedini appena preparati con un po' di salsa alla paprika.

SCIOCCO

Potete anche aggiungere alla vinaigrette 1 cucchiaio di curry in polvere e un po' di scorza di limone.

PINNA DI MANZO ABBATTUTA A PORTO

INGREDIENTI

1 kg di pinna di manzo (aperta nel libro per farcire)

350 grammi di carne macinata

1kg di carote

1 chilo di cipolla

100 g di pinoli

1 lattina piccola di peperoncino piquillo

1 lattina di olive nere

1 confezione di pancetta

1 spicchio d'aglio

2 foglie di alloro

porta

Brodo

olio d'oliva

sale e pepe in grani

PROGETTO

Condire la pinna su entrambi i lati. Farcire con la carne di maiale, i pinoli, i peperoni tritati, le olive spezzate e la pancetta tagliata a listarelle. Arrotolare e mettere in una rete o legare con il filo della fascetta. Rosolare a fuoco molto alto, rimuovere e conservare.

Tagliare a brunoise la carota, la cipolla e l'aglio e farli soffriggere nello stesso olio in cui è stata fritta la carne di manzo. Rimetti la pinna. Coprire con una spruzzata di vino di Porto e brodo di manzo fino a coprire il tutto. Aggiungere 8 grani di pepe e le foglie di alloro. Coprite e fate cuocere a fuoco basso per 40 minuti. Girare ogni 10 minuti. Quando la carne sarà tenera, scolatela e frullatela con la salsa.

SCIOCCO

Il porto può essere sostituito con qualsiasi altro vino o champagne.

POLPETTE DI CARNE MADRID

INGREDIENTI

1 chilo di carne macinata

500 grammi di carne macinata

500 grammi di pomodori maturi

150 grammi di cipolla

100 grammi di funghi

1 litro di brodo di carne (o acqua)

2 dl di vino bianco

2 cucchiai di prezzemolo fresco

2 cucchiai di pangrattato

1 cucchiaio di farina

3 spicchi d'aglio

2 carote

1 foglia di alloro

1 uovo

zucchero

olio d'oliva

sale e pepe

PROGETTO

Mescolare i due pezzi di carne con il prezzemolo tritato, 2 spicchi d'aglio tagliati a cubetti, il pangrattato, le uova, sale e pepe. Formare delle palline e friggerle in padella. Tira fuori e prenota.

Soffriggere la cipolla con l'altro aglio nello stesso olio, aggiungere la farina e far rosolare. Aggiungete i pomodorini e fate rosolare per altri 5 minuti. Bagnare con il vino e cuocere per altri 10 minuti. Bagnare con il brodo e cuocere per altri 5 minuti. Macinare e regolare di sale e zucchero. Cuocere le polpette nel sugo insieme alla foglia di alloro per 10 minuti.

Lavare, sbucciare e tagliare a dadini separatamente le carote e i funghi. Friggerle con un filo d'olio per 2 minuti e metterle nella pentola delle polpette.

SCIOCCO

Per rendere più gustoso il composto delle polpette, aggiungere 150 g di pancetta iberica fresca tritata. È meglio non premere troppo forte in modo che le palline siano più succose.

MANZO CINESE CON CIOCCOLATO

INGREDIENTI

8 guance di manzo

½ litro di vino rosso

6 once di cioccolato

2 spicchi d'aglio

2 pomodori

2 porri

1 pezzo di sedano

1 carota

1 cipolla

1 rametto di rosmarino

1 rametto di timo

farina

brodo di carne (o acqua)

olio d'oliva

sale e pepe

PROGETTO

Condire e friggere le guance in una pentola ben calda. Tira fuori e prenota.

Tagliate le verdure a brunoise e fatele soffriggere nella stessa pentola in cui sono state fritte le guance.

Quando le verdure saranno morbide, aggiungete i pomodorini grattugiati e fate cuocere finché non perderanno tutta l'acqua. Aggiungere il vino e le erbe aromatiche e far bollire per 5 minuti. Aggiungere le guance e il brodo di manzo fino a coprirle.

Cuocere fino a quando le guance saranno ben morbide, aggiungere il cioccolato a piacere, mescolare e condire con sale e pepe.

SCIOCCO

La salsa può essere frullata oppure lasciata insieme alle verdure intere.

TORTA DI GOMME CANDITE CON SALSA AL VINO DOLCE

INGREDIENTI

½ maialino da latte tritato

1 bicchiere di vino dolce

2 rametti di rosmarino

2 rametti di timo

4 spicchi d'aglio

1 piccola carota

1 cipolla piccola

1 pomodoro

olio d'oliva delicato

Sale grosso

PROGETTO

Disporre il maialino da latte su un vassoio e salarlo su entrambi i lati. Aggiungere l'aglio pressato e i condimenti. Coprire con olio e far cuocere per 5 ore a 100°C. Quindi lasciarlo raffreddare e disossarlo, eliminare la carne e la pelle.

Metti la carta da forno su una teglia. Dividere la carne di maialino e adagiarvi sopra la pelle (dovrebbe essere alta almeno 2 dita). Mettete sopra un altro foglio di carta da forno e conservate in frigorifero con un po' di peso sopra.

Nel frattempo preparate un brodo scuro. Tagliare le ossa e le verdure a pezzi medi. Arrostire le cosce per 35 minuti a 185°C, aggiungere le verdure ai lati e cuocere per altri 25 minuti. Togliere dal forno e bagnare con il vino. Mettete tutto in un pentolino e coprite con acqua fredda. Cuocere per 2 ore a fuoco molto basso. Filtrare e scaldare finché non si addensa un po'. sgrassare.

Tagliare la torta in porzioni e friggere la parte con la pelle in una padella calda fino a renderla croccante. Cuocere a 180ºC per 3 minuti.

SCIOCCO

È un piatto più che noioso, ma il risultato è spettacolare. L'unico accorgimento per evitare che si rovini alla fine è servire la salsa sul lato della carne, non sopra.

CONIGLIO CON MARC

INGREDIENTI

1 coniglio tritato

80 grammi di mandorle

1 litro di brodo di pollo

400 ml di sansa

200ml di panna

1 rametto di rosmarino

1 rametto di timo

2 cipolle

2 spicchi d'aglio

1 carota

10 fili di zafferano

sale e pepe

PROGETTO

Tritare, condire e friggere il coniglio. Rimuovi e prenota.

Nello stesso olio fate soffriggere la carota, la cipolla e l'aglio tagliati a pezzetti. Aggiungere lo zafferano e le mandorle e cuocere per 1 min.

Accendere il fuoco e bagnare con il residuo della pressa. flambé Rimettete il coniglio e bagnatelo con il brodo. Aggiungere i rametti di timo e il rosmarino.

Cuocere fino a quando il coniglio sarà tenero, circa 30 minuti, e aggiungere la panna. Cuocere altri 5 minuti e regolare di sale.

SCIOCCO

Flamebear brucia l'alcol trasformandolo in un liquore. Assicurarsi che il coperchio della ventola sia rimosso.

POLPETTE DI CARNE IN SALSA PEPITORIA E NOCCIOLE

INGREDIENTI

750 grammi di carne macinata

750 grammi di carne macinata

250 grammi di cipolla

60 grammi di nocciole

25 grammi di pane fritto

½ litro di brodo di pollo

¼ litro di vino bianco

10 fili di zafferano

2 cucchiai di prezzemolo fresco

2 cucchiai di pangrattato

4 spicchi d'aglio

2 uova sode

1 uovo fresco

2 foglie di alloro

150 grammi di olio d'oliva

sale e pepe

PROGETTO

In una ciotola unire la carne, il prezzemolo tritato, l'aglio tritato, il pangrattato, le uova, sale e pepe. Spolverare con la farina e far rosolare in una casseruola a fuoco medio. Rimuovi e prenota.

Nello stesso olio far rosolare la cipolla e gli altri 2 spicchi d'aglio leggermente tritati. Bagnare nel vino e lasciarlo ridurre. Versare il brodo e cuocere per 15 minuti. Aggiungete le polpette al sugo insieme alle foglie di alloro e fate cuocere per altri 15 minuti.

Tostare a parte lo zafferano e tritarlo insieme al pane fritto, alle nocciole e ai tuorli d'uovo in un mortaio fino a formare una pasta liscia. Aggiungere nella pentola e cuocere per altri 5 minuti.

SCIOCCO

Servire con l'albume tritato e un po' di prezzemolo.

CALOPINAS ALLA BIRRA NERA

INGREDIENTI

4 bistecche di manzo

125 g di funghi shiitake

1/3 litro di birra scura

1 dl di brodo di carne

1 dl di panna

1 carota

1 cipollotto

1 pomodoro

1 rametto di timo

1 rametto di rosmarino

farina

olio d'oliva

sale e pepe

PROGETTO

Condire e infarinare i filetti. Friggere in padella con un po' di olio. Tira fuori e prenota.

Friggere nello stesso olio la cipolla e i cubetti di carota. Una volta bollite, aggiungere il pomodoro grattugiato e cuocere fino a quando la salsa sarà quasi asciutta.

Versare la birra, lasciare evaporare l'alcol per 5 minuti a fuoco medio e aggiungere il brodo, le erbe aromatiche e i filetti. Cuocere per 15 minuti o fino a quando saranno morbidi.

Friggere separatamente i funghi sfilettati a fuoco vivace e aggiungerli nella pentola. Aggiungi sale.

SCIOCCO

Le bistecche non devono essere cotte troppo a lungo, altrimenti risulteranno molto dure.

ESCURSIONI A MADRID

INGREDIENTI

1 kg di stomaco pulito

2 zampe di maiale

25 grammi di farina

1 dl di aceto

2 cucchiai di paprika

2 foglie di alloro

2 cipolle (1 spicchio)

1 spicchio d'aglio

1 peperoncino

2 dl di olio d'oliva

20 grammi di sale

PROGETTO

Sbollentare la pancetta e le cosce di maiale in una pentola con acqua fredda. Cuocere per 5 minuti da quando inizia a bollire.

Scolare e riempire con acqua pulita. Aggiungere la cipolla tritata, il peperoncino, lo spicchio d'aglio e le foglie di alloro. Se necessario aggiungere altra acqua per coprire bene e cuocere a fuoco lento, coperto, per 4 ore o fino a quando i pezzetti e le frattaglie saranno teneri.

Quando la pancia sarà pronta, eliminate la cipolla tritata, l'alloro e il peperoncino. Togliete anche le cosce, disossatele e tagliatele a pezzi della grandezza della pancia. Rimettere in pentola.

A parte soffriggere la seconda cipolla tagliata a brunoise, aggiungere la paprika in polvere e 1 cucchiaio di farina. Aggiungi alla pentola dopo aver fatto bollire. Cuocere per 5 minuti, aggiustare di sale e addensare se necessario.

SCIOCCO

Questa ricetta acquista sapore se preparata uno o due giorni prima. Potete aggiungere anche dei ceci cotti e avrete un piatto di verdure di prim'ordine.

MAIALE ARROSTO CON MELE E MENTA

INGREDIENTI

800 g di filetto di maiale fresco

500 grammi di mele

60 grammi di zucchero

1 bicchiere di vino bianco

1 bicchiere di alcol

10 foglie di menta

1 foglia di alloro

1 cipolla grande

1 carota

olio d'oliva

sale e pepe

PROGETTO

Condire il lombo con sale e pepe e friggerlo a fuoco vivace. Rimuovi e prenota.

In questo olio soffriggere la cipolla e la carota pulite e tritate finemente. Sbucciare e togliere il torsolo alle mele.

Mettete il tutto su un piatto, versateci sopra l'alcol e mettete la foglia di alloro. Infornare a 185°C per 90 minuti.

Togliere le mele e le verdure e frullarle con lo zucchero e la menta. Sfilettare il filetto e la salsa con il fondo di cottura e servire con la salsa di mele.

SCIOCCO

Durante la cottura versare un po' d'acqua nella teglia in modo che la bistecca non si secchi.

POLPETTE DI POLLO CON SALSA AI LAMPONI

INGREDIENTI

per le polpette

1 kg di carne di pollo macinata

1 dl di latte

2 cucchiai di pangrattato

2 uova

1 spicchio d'aglio

vino sherry

farina

Prezzemolo tritato

olio d'oliva

sale e pepe

Per la salsa di lamponi

200 g di marmellata di lamponi

½ litro di brodo di pollo

1½ dl di vino bianco

½ tazza di salsa di soia

1 pomodoro

2 carote

1 spicchio d'aglio

1 cipolla

Sale

PROGETTO

per le polpette

Mescolare la carne con il pangrattato, il latte, l'uovo, lo spicchio d'aglio tritato finemente, il prezzemolo e una spruzzata di vino. Condire con sale e pepe e lasciare riposare per 15 minuti.

Con il composto formate delle palline e passatele nella farina. Friggerle in olio, facendo attenzione che siano un po' crude all'interno. conservare l'olio.

Per la salsa agrodolce di lamponi

Sbucciare la cipolla, l'aglio e la carota e tagliarli a cubetti. Friggere nello stesso olio utilizzato per rosolare le polpette. Condire con un pizzico di sale. Aggiungete il pomodoro tagliato a pezzi senza buccia né semi e fate rosolare finché l'acqua non sarà evaporata.

Bagnare con il vino e far ridurre della metà. Aggiungere la salsa di soia e il brodo e cuocere per altri 20 minuti finché la salsa non si sarà addensata. Aggiungete la marmellata e le polpette e fate cuocere per altri 10 minuti.

SCIOCCO

La marmellata di lamponi può essere sostituita con qualsiasi altro frutto rosso e anche con marmellata.

STUFATO D'AGNELLO

INGREDIENTI

1 cosciotto d'agnello

1 bicchiere grande di vino rosso

½ tazza di passata di pomodoro (o 2 pomodorini grattugiati)

1 cucchiaio di paprika dolce

2 patate grandi

1 peperone verde

1 peperone rosso

1 cipolla

brodo di carne (o acqua)

olio d'oliva

sale e pepe

PROGETTO

Tritare l'osso, condirlo e friggerlo in una pentola molto calda. Tira fuori e prenota.

Nello stesso olio fate soffriggere i peperoni e la cipolla tagliati a dadini. Quando le verdure saranno ben rosolate, aggiungere un cucchiaio di paprika e il pomodoro. Continuare la cottura a fuoco vivace finché il pomodoro non perderà l'acqua. Quindi aggiungere nuovamente l'agnello.

Bagnare nel vino e lasciarlo ridurre. Versare il brodo di carne.

Aggiungere le patate cachelada (senza fette) quando l'agnello sarà tenero e cuocere finché le patate saranno cotte. Condire con sale e pepe.

SCIOCCO

Per una salsa ancora più gustosa, fate rosolare separatamente 4 peperoni piquillo e 1 spicchio d'aglio. Sfumare con un po' di brodo della pentola e aggiungere alla pentola.

zibetto di coniglio

INGREDIENTI

1 coniglio

250 grammi di funghi

250 grammi di carote

250 grammi di cipolla

100 grammi di pancetta

¼ litro di vino rosso

3 cucchiai di salsa di pomodoro

2 spicchi d'aglio

2 rametti di timo

2 foglie di alloro

brodo di carne (o acqua)

olio d'oliva

sale e pepe

PROGETTO

Tagliare il coniglio e metterlo a marinare per 24 ore nella carota, nell'aglio e nella cipolla tritati, nel vino, 1 rametto di timo e 1 foglia di alloro. Trascorso il tempo, filtrate e tenete da parte il vino da un lato e le verdure dall'altro.

Condire il coniglio con sale e pepe, rosolarlo a fuoco vivace e toglierlo. Fate rosolare le verdure nello stesso olio a fuoco medio. Aggiungete la salsa di pomodoro e fate rosolare per 3 minuti. Ripristina il coniglio. Bagnare nel vino e nel brodo fino a coprire la carne. Aggiungere il secondo rametto di timo e la seconda foglia di alloro. Cuocere fino a quando il coniglio sarà tenero.

Nel frattempo far rosolare la pancetta tagliata a listarelle e i funghi tagliati in quarti e aggiungerli nella pentola. A parte macinare in un mortaio il fegato di coniglio e aggiungere anche quello. Cuocere per altri 10 minuti e regolare di sale e pepe.

SCIOCCO

Questo piatto può essere preparato con qualsiasi animale selvatico ed è più buono se preparato il giorno prima.

CONIGLIO AL PEPE

INGREDIENTI

1 coniglio

2 pomodori grandi

2 cipolle

1 peperone verde

1 spicchio d'aglio

zucchero

olio d'oliva

sale e pepe

PROGETTO

Tritare il coniglio, condirlo e rosolarlo in una pentola ben calda. Rimuovi e prenota.

Tagliare la cipolla, il peperone e l'aglio a pezzetti e farli soffriggere a fuoco basso per 15 minuti nello stesso olio in cui è stato cotto il coniglio.

Aggiungete i pomodorini tagliati a brunoise e fateli rosolare a fuoco medio finché non perderanno tutta la loro acqua. Regolare sale e zucchero secondo necessità.

Aggiungere il coniglio, abbassare la fiamma e cuocere, coperto, per 15-20 minuti, mescolando di tanto in tanto.

SCIOCCO

Puoi aggiungere zucchine o melanzane alla piperrada.

POLPETTE DI POLLO RIPIENE DI FORMAGGIO CON SALSA AL CURRY

INGREDIENTI

500 g di pollo tritato

150 g di formaggio tagliato a cubetti

100 grammi di pangrattato

200ml di panna

1 bicchiere di brodo di pollo

2 cucchiai di curry

½ cucchiaio di pangrattato

30 uvetta

1 peperone verde

1 carota

1 cipolla

1 uovo

1 limone

latte

farina

olio d'oliva

Sale

PROGETTO

Condire il pollo e mescolarlo con il pangrattato, l'uovo, 1 cucchiaio di curry e il pangrattato ammollato nel latte. Formare delle palline, riempirle con un cubetto di formaggio e infarinarle. Friggere e mettere da parte.

Nello stesso olio fate soffriggere la cipolla, il peperone e la carota tagliati a pezzetti. Aggiungete la scorza di limone e fate cuocere per qualche minuto. Aggiungere il secondo cucchiaio di curry, uvetta e brodo di pollo. Aggiungere la panna quando inizia a bollire e cuocere per 20 minuti. Aggiungi sale.

SCIOCCO

Un accompagnamento perfetto per queste polpette sono i funghi tagliati in quarti, saltati con qualche spicchio d'aglio tritato e annaffiati con una generosa spruzzata di vino Porto o Pedro Ximénez.

PELLE DI MAIALE AL VINO ROSSO

INGREDIENTI

12 guanciali di maiale

½ litro di vino rosso

2 spicchi d'aglio

2 porri

1 peperone rosso

1 carota

1 cipolla

farina

brodo di carne (o acqua)

olio d'oliva

sale e pepe

PROGETTO

Condire e friggere le guance in una pentola ben calda. Tira fuori e prenota.

Tagliare le verdure alla bronoise e friggerle nello stesso olio in cui è stato fritto il maiale. Quando sarà ben bollito, sfumare con il vino e lasciare sfumare per 5 minuti. Aggiungere le guance e il brodo di manzo fino a coprirle.

Cuocere fino a quando le guance saranno molto morbide, frullare la salsa a piacere in modo che non rimangano verdure.

SCIOCCO

La cottura della guancia di maiale richiede molto meno tempo rispetto a quella di manzo. Un sapore diverso si ottiene aggiungendo alla salsa un grammo di cioccolato alla fine.

COCHIFRITO NAVARRA

INGREDIENTI

2 cosce di agnello, tritate

50 grammi di burro

1 cucchiaino di paprica

1 cucchiaio di aceto

2 spicchi d'aglio

1 cipolla

olio d'oliva

sale e pepe

PROGETTO

Tagliare a pezzi il cosciotto d'agnello. Condire e friggere in una casseruola a fuoco vivace. Tira fuori e prenota.

Nello stesso olio far rosolare la cipolla e l'aglio tritati finemente a fuoco basso per 8 minuti. Aggiungere la paprika e friggere per altri 5 secondi. Aggiungere l'agnello e coprire con acqua.

Cuocere fino a quando la salsa si sarà ridotta e la carne sarà tenera. Bagnare con aceto e portare a ebollizione.

SCIOCCO

La prima rosolatura è importante perché impedisce la fuoriuscita del succo. Inoltre, dona un tocco croccante ed esalta i sapori.

STUFATO DI CARNE CON SALSA DI ARACHIDI

INGREDIENTI

750 grammi di carne macinata

250 grammi di arachidi

2 litri di brodo di carne

1 bicchiere di panna

½ bicchiere di cognac

2 cucchiai di salsa di pomodoro

1 rametto di timo

1 rametto di rosmarino

4 patate

2 carote

1 cipolla

1 spicchio d'aglio

olio d'oliva

sale e pepe

PROGETTO

Tritare, condire e friggere lo stinco a fuoco vivace. Tira fuori e prenota.

Nello stesso olio far rosolare a fuoco basso la cipolla, l'aglio e la carota tritata. Alzare la fiamma e aggiungere la salsa di pomodoro. Lasciamo ridurre fino a perdere tutta l'acqua. Spruzzare con il cognac e lasciare evaporare l'alcool. Rimetti a posto la carne.

Macinare bene le arachidi con il brodo e aggiungerle nella padella insieme alle erbe aromatiche. Cuocere a fuoco basso fino a quando la carne sarà quasi tenera.

Aggiungere poi le patate sbucciate e tagliate a cubetti uguali e la panna. Cuocere per 10 minuti e condire con sale e pepe. Lasciare riposare 15 minuti prima di servire.

SCIOCCO

Questo piatto di carne può essere accompagnato da riso pilaf (vedi sezione Riso e pasta).

MAIALE FRITTO

INGREDIENTI

1 maialino

2 cucchiai di burro

Sale

PROGETTO

Coprite le orecchie e la coda con un foglio di alluminio in modo che non brucino.

Disporre 2 cucchiai di legno su una teglia e adagiarvi sopra il maialino da latte a faccia in su, senza toccare il fondo del contenitore. Aggiungete 2 cucchiai di acqua e infornate a 180°C per 2 ore.

Sciogliere il sale in 4 dl di acqua e spennellate il maialino ogni 10 minuti. Girateli uno alla volta e continuate a dipingere con acqua e sale fino allo scadere del tempo.

Sciogliere il burro e dipingere la pelle. Aumentare la temperatura del forno a 200°C e cuocere per altri 30 minuti o fino a quando l'impasto sarà dorato e croccante.

SCIOCCO

Non versare il succo sulla pelle; Ciò gli farebbe perdere la consistenza croccante. Disporre la salsa sul fondo del piatto.

KNICK FRITTO CON CAVOLO

INGREDIENTI

4 caviglie

½ cavolo

3 spicchi d'aglio

olio d'oliva

sale e pepe

PROGETTO

Coprire le cosce con acqua bollente e cuocere per 2 ore o fino a quando saranno completamente tenere.

Togliere dall'acqua e cuocere in poco olio a 220°C fino a doratura. Stagione.

Tagliare il cavolo cappuccio a listarelle sottili. Cuocere in abbondante acqua bollente per 15 minuti. drenare.

Nel frattempo fate soffriggere l'aglio a fettine in un filo d'olio, aggiungete la verza e fate rosolare. Condire con sale e pepe e servire con gli stinco fritti.

SCIOCCO

Gli stinconi possono essere cotti anche in padella molto calda. Farle rosolare bene da tutti i lati.

CATTURA DI CONIGLI

INGREDIENTI

1 coniglio

300 grammi di funghi

2 bicchieri di brodo di pollo

1 bicchiere di vino bianco

1 rametto di timo fresco

1 foglia di alloro

2 spicchi d'aglio

1 cipolla

1 pomodoro

olio d'oliva

sale e pepe

PROGETTO

Tritare il coniglio, condirlo e rosolarlo a fuoco vivace. Tira fuori e prenota.

Fate soffriggere la cipolla tagliata a pezzetti e l'aglio a fuoco basso nello stesso olio per 5 minuti. Alzare la fiamma e aggiungere il pomodoro grattugiato. Fate bollire fino a quando non rimarrà più acqua.

Rimettete a posto il coniglio e bagnatelo con il vino. Lasciamo restringere e la salsa sarà quasi asciutta. Bagnare con il brodo e cuocere con le erbe aromatiche per 25 minuti o fino a quando la carne sarà tenera.

Nel frattempo fate soffriggere i funghi puliti e affettati in una padella ben calda per 2 minuti. Aggiustate di sale e aggiungete nella pentola. Cuocere per altri 2 minuti, aggiustando di sale se necessario.

SCIOCCO

Puoi preparare la stessa ricetta con pollo o tacchino.

SPECIALE VITELLO MADRID

INGREDIENTI

4 bistecche di manzo

1 cucchiaio di prezzemolo fresco

2 spicchi d'aglio

farina, uova e pangrattato (per la panatura)

olio d'oliva

sale e pepe

PROGETTO

Tritare finemente il prezzemolo e l'aglio. Mescolateli in una ciotola e aggiungete il pangrattato. Eliminare.

Condire i filetti e passarli nella farina, nell'uovo sbattuto e nel composto di pangrattato con aglio e prezzemolo.

Pressate con le mani in modo che la panatura aderisca bene e friggete in abbondante olio ben caldo per 15 secondi.

SCIOCCO

Schiacciare i filetti con un martello per rompere le fibre e intenerire la carne.

CONIGLIO IN SPEZZATO CON FUNGHI

INGREDIENTI

1 coniglio

250 g di funghi di stagione

50 grammi di burro

200 grammi di pancetta

45 grammi di mandorle

600 ml di brodo di pollo

1 bicchiere di sherry

1 carota

1 pomodoro

1 cipolla

1 spicchio d'aglio

1 rametto di timo

sale e pepe

PROGETTO

Tritare e condire il coniglio. Fate soffriggere nel burro a fuoco vivace insieme alla pancetta tagliata a bastoncini. Tira fuori e prenota.

Nello stesso grasso fate rosolare la cipolla, la carota e l'aglio tagliato a pezzetti. Aggiungere i funghi tritati e cuocere per 2 minuti. Aggiungete il pomodoro grattugiato e fate cuocere finché non perderà l'acqua.

Rimettete il coniglio e la pancetta e coprite con il vino. Lasciamo restringere e la salsa sarà quasi asciutta. Versare il brodo e aggiungere il timo. Cuocere a fuoco lento per 25 minuti o fino a quando il coniglio sarà tenero. Completare con le mandorle e aggiustare di sale.

SCIOCCO

Potete utilizzare i funghi shiitake secchi. Forniscono molto sapore e aroma.

GRANCHIO IBERICO AL VINO BIANCO E MIELE

INGREDIENTI

1 costola di maiale iberico

1 bicchiere di vino bianco

2 cucchiai di miele

1 cucchiaio di paprika dolce

1 cucchiaio di rosmarino tritato

1 cucchiaio di timo tritato

1 spicchio d'aglio

olio d'oliva

sale e pepe

PROGETTO

Mettete in una ciotola le spezie, l'aglio grattugiato, il miele e il sale. Aggiungete ½ bicchierino d'olio e mescolate. Strofina le costole con questa miscela.

Arrostire a 200°C per 30 minuti, con la carne rivolta verso il basso. Capovolgere, bagnare con il vino e cuocere per altri 30 minuti o fino a quando le costolette saranno dorate e tenere.

SCIOCCO

Affinché i sapori penetrino meglio nelle costole, è meglio marinare la carne il giorno prima.

LATTE MERINGATO

INGREDIENTI

175 grammi di zucchero

1 litro di latte

Scorza di 1 limone

1 bastoncino di cannella

3 o 4 albumi

polvere di cannella

PROGETTO

Scaldate il latte con la stecca di cannella e la scorza di limone a fuoco basso finché non inizierà a bollire. Aggiungete subito lo zucchero e fate cuocere per altri 5 minuti. Conservare e lasciare raffreddare in frigorifero.

Quando sarà freddo, montare gli albumi a neve e aggiungere il latte con movimenti avvolgenti. Servire con cannella in polvere.

SCIOCCO

Per ottenere una granita migliore, conservatela nel congelatore, raschiandola con una forchetta ogni ora fino a completa congelazione.

www.ingramcontent.com/pod-product-compliance
Lightning Source LLC
LaVergne TN
LVHW021704060526
838200LV00050B/2500